Artificial Emotion : Happiness or evil

人工感情

善か悪か

福田正治
Masaji Fukuda

ナカニシヤ出版

はじめに

ある地方の人が東京への出張の折、コーヒーを飲みに有名なカフェを訪れた。受付には女性の形をしたロボットが座っていて、「いらっしゃいませ」と挨拶をして注文を聞いた。その店のマスターはコーヒーマイスターの称号を持っており芳醇な香りとバランスのとれたほろ苦さのコーヒーは旨く、さすがは東京だと至福の一時を愉しんだ。

五年後、また東京に出てくる機会があり、前回の体験からコーヒーを趣味にするようになっていたので再びそのコーヒー店に行った。入ると一目でロボットとわかるウエイトレスがやってきて、優しそうな声で注文を取り、また運んできてくれた。奥ではマスターがすべて自分でドリップコーヒーを淹れており、五年前より味が上がっていたと感じた。

一〇年後再び東京に出てくる機会があって同じコーヒー店に入った。やはり若い女性の格好をしたロボットが優しく笑顔で注文を取りにきた。以前と比べ、ぎこちなさがなく表情も声も自然に近かったが、まだロボットだとの印象が残った。その客は稀にしか訪れないにもかかわらず顔をおぼえていてくれたのか、年をとったマスターが微笑みかけてくれ、また自らコーヒーを入れてくれたが、味が落ちている気がした。

二〇年後、これが最後の機会になると思い、同じコーヒー店に入った。店は大分古びた感じになっていたが、お孫さんだろうか、教育が行き届いているのか、あまり若い女性と話す機会の少ないその客にとっては、短い会話であったが安らぎさえ感じられた。奥ではマスターはただ新聞を読んでいただけだったが、コーヒーの味は以前より旨くなっていると感じた。

その後、風の便りに数年前からマスターはハンドドリップをやめて最新のコーヒーメーカーをひそかに取り入れていたようであると聞こえてきた。

読者は流れからして二〇年後の女性が人間と区別ができないヒト型ロボットであったと想像できるだろうか。おそらく実現には速い遅いはあるにしても、外見上、人間との区別が難しいロボットが身の回りに存在していることがかなりの確率で予想される時代が来ようとしている。

この本は、そのような社会における人間とロボットの関係を「感情」という視点に立って考えようとするものである。

現在「感情ロボット」という言葉が市場を賑わせ、「人間らしさ」に近づいたロボットとして関心がもたれてきている。介護施設での高齢者のコミュニケーションの場や、病院での子供とのコミュニケーション、自閉症スペクトラム障害などコミュニケーション障害の治療の場、会社の受付、ホテルのサービス部門などでの導入が広がっている。以前にも動物型の同様なロボットがあったが、この新しい技術は人間の感情を理解し、安らぎと癒しを与えてくれるフレンドリーな会話型ロボットになっており、より賢くなっている。しかし容姿はわざと人間とは異なるものにしてあり、顔はむしろ動物の赤ん坊に近く、眼を大きくしてかわいらしさを意識しているようである。人工知能（ＡＩ）やクラウド技術を駆使して飽きさせない巧妙な会話も関心がもたれ、人々の興味を引き付けている。

このような状況を見たとき、ＡＩやロボットに関して、多くの基本問題があるように思われる。ＡＩの進歩にしたがって人間の能力の一つ一つがロボットに「移植」されていく現状があり、ある部分では人間以上の能力をロボットが持つことになる。その典型が記憶容量であり、はるかに人間の記憶容量を越え、計算速度も電子の移動速度が問題になるレベルに到達し、一部の言語処理能力、視覚識別機能、運動機能は人間の能力を明らかに超えている。そして先に述べた「感情」もまたロボットに移植されようとしてきている。そのときシリコンからできたＡＩは感情を創ることができるのか、さらに進んでＡＩの感情を具現するヒト型ロボットの「感情」とは何か、人間の感情の模造品なのか、それとも独自の実体なのか、さらにはもしヒト型ロボットが感情を持つように見えたら人間との関係はどうなるのか、など尽きない疑問が想像される。

この議論を進めていくためには、それを支えるＡＩとは何かを知る必要があり、三〇年先、五〇年先の技術進歩の先のＡＩの「意識」「自己」「自律性」などをどう定義するのか、どのような人間との関係性を築くべきかの問題が重くのしかかってくる。技術者は多くの場合、楽観論を取り、細分化された技術の発展を目指してやみくもに進みがちである。また技術者は科学技術の進歩の先に実現するであろうバラ色の未来社会を描こうとする傾向がある。他方、技術者以外の悲観論者は、ＡＩの個々の技術を総合した時、とてつもないモンスターが現れる危険性を指摘する。このままＡＩが進歩すれば、いずれ人間の総合的な能力を超え、ＡＩは自己意識や自律性を獲得し、人類をＡＩの奴隷と化したり、人類に敵対するのではないかとの危惧を強調する。二〇四五年頃に人間の総合的な能力を超えるコンピュータが現れるシングラリティ（特異点）が来ることが予想されている[(1)]。果たして電気的素子からできているコンピュータが進化して、地球を支配している人間を物理的に支配できるのかという未来を先取りした議論が始まったところである。

ＡＩが創りだす感情とはその議論の俎上にあるが、感情はＡＩやロボット技術の開発の陰に隠れて深く静かに潜航していく存在である。なぜなら人間を知るという歴史において、感情は継子扱いされ、本流となって議論されることは少なかったからである。誰でもが感情を持ち、感情とは何かについて経験上知っているが、同時にそれは非常にとらえがたく複雑で厄介なものであることも知っている。しかしＡＩやロボットが感情を持つように見えるとするならば、それはコミュニケーションを通して人との関係に重大な影響を及ぼしてくるはずである。その関係を抜きにしてＡＩやロボットと人間との共存や共生はあり得ず、そのＡＩの感情やロボットの感情をどう知るかが問題である。

技術の進歩により、ＡＩが意識・自律性を持ち、知識の自己生産をするとき、それに制御された「ヒト型ロボットの感情」もまた同時に自律化する可能性がある。そのとき、ＡＩの感情生成や出力としてのロボットの感情が人間の感情と同じであるのか、または違うのかはまったくわかっていない。そもそも「感情」という言葉が共通に使えるかどうかもわからないし、ＡＩやロボットの意思が人間との共生を目指すのかどうかもわからない。

「ＡＩの感情」とは、ＡＩ技術による感情の識別、認知、評価、感情出力のための情報処理を含んだ総称と定義される。これは、これまでの神経科学の感情に関する研究成果と計算機科学の融合の当然の結果である。このＡＩによる感情処理装置を搭載したロボットが、実体として社会での人間との相互関係を構築することになる。この場合、その感情処理装置を搭載したロボットが、人間と同じ感情を持っているのかが人間がロボットと共生していくためには重要な要素になる。もちろんＡＩを利用したロボットの「脳」がそれだけの能力を有するかに依存してくる。

二〇四五年頃に人間の総合的な能力を超える計算能力を有するコンピュータが現れ、それらを利用したＡＩも開発されると予想されている。[1] 革命的な技術の発明により、強いＡＩが目覚めたとき、瞬時に自己意識を獲得し、自己主張も起こるとも考えられる。ＡＩの行動発生に対する評価関数が人間と同じであるか予想できないために、ＡＩと人類は敵対するかもしれないという不安と恐怖が生まれてきている。そのＡＩが人間を共存相手とみなさず、まったく別の評価基準から人間を支配するかもしれないという想像をわれわれはつねに持つ。もちろんこの悲観論は、ＡＩは人類に純粋に貢献してくれ、すばらしい未来を作りだしてくれるという楽観論と相乗しながら現実的には進歩していくのだろうが、ここで二一世紀初頭の知識を基に「ＡＩの感情」の予想される姿を求めて、「人間の感情」と比較しながら思索の旅に出るのも一興であろう。特に未来を語ることは現在の状況を相対化して眺めることができるという利点と同時に生物としての人間の限界を知ることができるという利点がある。

1章では、ロボットの感情について議論するためのＡＩの進化について、議論の対象を過去、現在だけでなく、想像力を駆使して未来にまで広げ、ＡＩの進化を五つのステージを分けたうえで、そこでの技術の諸問題の一端を議論する。そして未来を論じる場合の論点である悲観論と楽観論、心の未来について議論する。

2章では　AIを用いた感情の諸問題を論じる。特にここでは、まず情報の送り手であるAIを組み込んだロボットやスマートフォンなどの機器における感情生成と表出問題と、それを利用する人間の受け手としての特性について分けて議論する。この段階での「感情」は当然のことながら、AIの自発的な感情ではなく、人間が定義した「疑似感情」である。これを創り出した現在のコンピュータ技術、ネットワーク技術と感情表現技術の関係について論じる。さらに受け手の信頼性の問題、心理操作の問題を論じる。

3章では、AIが活躍する社会での感情問題について議論する。この世代のAIはまだ人間のコントロール下にあり、経済的利潤、政治的機器としての役割がある。AIやそれを搭載したロボットの社会的進出によって人間の生活は大きく変わる。人間の感情認知に深く関係する感動を与えるビジネスモデルとしてのAIの利用のバーチャル・リアリティ、ロボットをモノではなく一種の人格を持つ対象として見る擬人化、人間の感動を操作するAIと芸術・創造の問題を議論する。次いで隠れた存在としてのAI と感情の問題として、AIの意思決定への関与、フレンドリーなAIへの情操教育、他人の心を読むマインド・リーディング、さらにAIやロボットの「感情」が氾濫する社会に会っての感情格差、安全の問題を取り上げる。

4章では、AIがさらに進化して、AIが自己意識と自律性を獲得し超知性体になった時から始まる諸問題について考察する。この世代では、現在でも多くのことが議論されているが、ここではその一部の自己意識、超知性体の感情、超知性体の生き方、愛情問題、脳の中で起こっている感情のコンピュータへの移植、それに伴う心の不老不死などについて想像力を駆使しながら議論する。特に変化する身体を持たないAIの「愛」の行く先には何が見えてくるのか、意識を持ったロボット同士は愛することができるのか、人間とロボットの恋愛関係は可能なのかなどを議論する。

5章では、超知性体と人類の共生、さらには世界に複数の超知性体が存在した場合の競合問題などについて議論を深める。想像上の議論とはいえ、このままAI技術が進化すれば、先の世界は人間と超知性体、ロボット世界との関係が、人類を幸福にするのか、危険に陥らせるのか、シリアスな問題になる可能性が大きい。

この本を出版にあたってナカニシヤ出版の宍倉由高氏には大変ご支援をいただいた。ここに深く感謝を申し上げる。

平成30年冬

福田正治

人工感情—善か悪か—

◇

目次

人工感情
――善か悪か

福田正治

1章　人工知能の進化

1・1　人工知能技術の進化

人工知能（ＡＩ）という言葉は二〇世紀初めから使われ、コンピュータ技術の進歩とともに認知されてきた言葉である。人間が有している、推論と思考、学習と記憶、問題解決、言語とコミュニケーション、自己認識とメタ認識、そしてそれら五つのすべての基盤は記号処理によって支えられているが，その実世界と記号の双方向変換機構を、機械である計算機を用いて実現することを究極の目的とする造語である。[1] そこには物理法則に従う素子からなる機械で人間のすべての働きを実現したものもＡＩに含まれている。

ここでは人工知能開発を過去、現在、未来と大きく分ける。ＡＩの発達の過去をコンピュータ誕生の第一世代、そして逐次型（ノイマン型）コンピュータ全盛の第二世代に大きく分けてとらえ、現在を第三世代とみなし、ニューラルネットワークを取り入れた深層学習型ＡＩの発展期と考える。第四世代と第五世代は未来を想像して大きく分類する試みで、現在の技術の延長として特定の使用目的に沿った専用ＡＩがネットワークにつながれたシステムとして確立されるまでの期間の第四世代と、その先のＡＩが自己意識と自律性を獲得する世界を想像して超知性体のＡＩが現れる時代の第五世代に分けた。

人工知能の過去

第一世代は、コンピュータ技術が開発されてから約二〇年後の一九六〇年代までに相当する。そもそも計算機は人間よりも速く計算する機械を作ることを目的に開発されたもので、人間の計算能力の支援が主であった。本格的な計算機は第二次世界大戦の暗号解読の目的で開発され威力を発揮したイギリスのものがよく知られている。そしてアメリカの汎用計算機として真空管を用いた巨大な計算機ENIACが造られたが、その寿命は短かった。その後トランジスターが発明され計算機の小型化が図られたが、高価で政府機関や大学での高度な技術を有する人達だけのものであった。これらの計算機は計算順序であるアルゴリズムをプログラムとして人間が与えなければならない逐次型コンピュータであった。しかし開発初期から他の計算方法で人間の働きを工学的に実現する試みが模索されてきた。その一つとして脳のニューロン（神経細胞）の働きを真似た方法でニューロンのコネクションの数学的モデルを中心としたニューロコンピュータの概念が創られた。一九四三年、マカロックとピッツのニューロンのコネクション様式の簡単な数学的モデルが発表され[2]、またヘッブのニューロンの学習理論も提出された[3]。これらの詳しい歴史に関してはニューロコンピュータの専門書[4][5]を参考にしていただきたい。人工のニューロンモデルを使い、その学習の重みづけとしてニューロン間のつながり強度を変化することにより物体の視覚認識を行おうとした試みは現在と同じであったが、ラメルハートらによって構造上の分離限界が理論的に証明され開発熱は冷やされてしまった経緯がある。[6]

第二世代は、コンピュータ技術の進歩、すなわち、処理速度の高速化とメモリー容量の増加で計算能力が格段に進歩した時期に相当する。本質的には計算能力はCPUの能力に依存するが、方法は依然として逐次処理のアルゴリズムのままであった。計算機がパソコンとして社会に深く浸透し、ワードプロセッサや表計算など、これまであった多くの作業がパソコンにとって代わり、ペーパーレス時代に入っていった。さらにはインターネットの普及とともに社会の中では銀行のATM、鉄道や飛行機の運航計画や予約システムなどあらゆるところに計算機が使われ、もはや計算機はなくてはならないライフラインの一つとなっていった。

この世代では日本でのビッグプロジェクトとして専門家の知識や職人の技能を計算機に取り入れ、知識の集約化を図ろうとするエキスパートシステム製作の野心的な試みが実行されたが[7]、残念ながら人間の知識の複雑さの理解不足から時代を先走り過ぎて、コンピュータによるエキスパートの知識の再現はできなかった。おそらくこの世代の最大の成果の一つはIBMによるチェス競技での世界チャンピオンに勝ったことであり[8]、二〇一一年のIBMのコンピュータによるアメリカの有名なクイズ番組でアメリカ・チャンピオンに勝ったことであろう。[9]ワトソンと名づけられたそのシステムは、一種のエキスパートシステムの質問応答型計算機で、自然言語を解釈し、意思決定を支援するシステムである。このときは音声入力ではなく文字入力の質問で、文学、歴史、科学、現代社会など非常に広い分野にまたがっており、簡単な質問から難しい質問へと段階的に並んでいる形式であった。そして正解者が次の問題を選ぶ速押しクイズ番組である。勝者には一〇〇万ドルの賞金が懸けられておりＩＢＭの宣伝をも兼ねていたようである。普通の人でもあらゆる分野に精通して正解を得ることは難しく、これに挑戦してコンピュータがアメリカのチャンピオンに速押し競技で勝てるか否かは開発者も半信半疑であったらしい。まずは文章の提示とともに、文章を分析し、問題の解析を行い、記憶された情報から答えの候補を列挙し、その根拠を探索して回答の候補を予想する。その候補が一つとは限らず、さらに過去の知識データの統計と比較して確信度を計算のうえ、回答する。そのために七〇ギガバイトに及ぶ辞典や書籍、ウィキペディアのデータを用意し記憶させた。質問に対して、求めるものが人か、場所か、動物か、植物かなどの何を探すかを判断し、それらのどこまでを知ればよいのかを決め、答えが正しいのかを判断しなければならない。正答率は学習に依存し、過去の問題や各種想定問答で試行錯誤を繰り返し、人間のチャンピオンのボタン押し回答率と、コンピュータがボタンを押しを命令して回答した正しい割合がほぼ同程度までに信頼度を上げるよう学習させた後に試合に臨んだ。まさに人間の学習と同じプロセスをコンピュータで行い、試合ではインターネットにもつながれず、単体の筐体を持ち込んで、コンピュータ自らが二人のアメリカ・チャンピオンを負かした。ひっかけ問題もあり、間違えるとペナルティが課せられているようで、いかに速く機械的にセットされたボタンを押すか、挑戦者との勝負であったが、そのワトソンに教えていく過程でのソフトの修正の苦労話や試合での興奮が発表されている[(9)]。この装置は知識があるように見えるが言葉に対して何も理解できず文脈の理解も常識もない。単に統計処理や数値計算をしているだけであり、ときにバカな答えをする可能性もある。さらには出題者の意図や心理、対戦者の自信度や弱点、癖、声の調子などの雰囲気や、ユーモアや皮肉な文章、あいまいな言葉は当然理解できない。しかしこのシステムはその後、自然言語理解、文書変換、音声認識、音声合成などの機能を有した装置としてビジネスとして利用され、ハードウエアとソフトウェアを自前で購入しなくても従量制で誰でも利用できるようになっている。各種ネットショッピングのコールセンターや商品の苦情相談の対応に人間の代わりに使用され、もしかしたらテレビショッピングをするとワトソンというコンピュータと話をして注文しているかもしれない。またこのシステムは医療のコグニティブ・システムとして、大量の医学データや文献を読み込んで、新たながん診断などの提案などで期待がもたれている。これを使えば大学入試問題にも挑戦でき、コンピュータ自身の勉強次第では合格するかもしれない。さらには難関といわれる司法試験に合格するコンピュータが将来出現してくるかもしれない。

人工知能の現在

第三世代が、最近、産声を上げ成長している機械学習の一種である深層学習（ディープラーニング）を利用した深層型ニューラルネットワーク（DNN）が飛躍する世代で、筆者はこの動きの中にこれまでの逐次型計算処理能力とは異なる人間の能力を超える可能性を見る。DNNについては次節で詳しく議論するが、DNNはこれまで限界があった視覚識別の分離性を改善し、より人間の脳の情報処理能力に近づいてきた計算方法である。この実現には第二世代以降のCPUコンピューティングやメモリー容量、画像処理素子などの進歩が大きく寄与している[(10)(11)]。

現存する二つの計算システムの利点を比較するならば、逐次型コンピューティングは大量のデータを処理し、統計計算や分類、情報検索を得意としている。また工業機械やロボットの運動のような正確な制御には必要不可欠なシステムであるといえる。ネットや携帯電話の管理、ビッグデータの管理、銀行のATM管理、交通の管制管理など確定的な仕事は従来の逐次型コンピュータの得意とするところであり、今日それらを抜きにして生活は立ち行かなくなっている。一方のAIは、逐次型コンピューティングの苦手とする画像認識の特徴抽出、自然言語処理、推論、ゲームといった分野でその威力を発揮している。逐次型コンピュータの能力に加えて認識や推論、判断を取り入れた能力が各種機器に付け加わるならば、一層利便性は高まるであろう。その応用の拡大に向けた動きがこの世代の特徴である。

このDNNの可能性を再認識させた出来事が近年いくつか起こった。グーグルは一万六千個のCPUコアを持ち三百万個以上のノードを持つニューラルネットワークを構築してネコの概念を学習させることに成功した。[12]この学習にはグーグルが持つネット上にある一千万枚の画像を視覚刺激としてまる三日間学習させて視覚認識の識別可能性を示した。

同じくグーグルによって作られたアルファ・ゴーはDNNマシンで二〇一六年、囲碁の世界トップレベルの棋士と五番勝負をして四勝を挙げ有名になった装置で、チェスや将棋よりはるかに複雑な囲碁の勝負で人間にAIが勝ったということでAIの可能性がこのレベルまで進化したことを知らしめて話題になった装置である。[13]この装置は数百万のノードを有し一二層のニューラルネットワークを持つ装置である。囲碁の基盤は一九×一九目で、石の並び方は天文学的数字になる。その囲碁の基盤全体を入力として見て、強化学習を繰り返して次の一手を予測することを可能にしたシステムで、このレベルの能力に達するまでに三千万通りを超す指し手パターンを休まず学習して約六〇%の確度で次の一手を予想しているといわれている。心配性な人間的試みとして微笑ましいといえるかもしれないが、公式試合の前の予行演習として囲碁のヨーロッパチャンピオンと試合をして勝っている。このシステムは膨大な計算を必要とし、インターネットを介したクラウドコンピューティングを利用している。この成果は今後のパターン認識や機械学習の大きな可能性を示した点で注目された。

ＩＢＭは専用の脳型チップであるトゥルーノースTRUE NORTHを作製し、複数の視覚物体の識別と運動の追跡を可能にした。[14] このチップは百万個のプログラム可能なニューロンと二億五千六百万個のシナプスから構成され、脳の構造に似せて短い結合と長い連絡経路を設けている。全体は非同期で一キロHzで動作し、エネルギー消費は使用したニューロンの数に比例して小さいように作られている。これを使って移動している複数の物体が識別できることを示した。これを動かすための専用のＯＳも作られ、これからの人工知能の応用が待たれる。

その他、世界中でＤＮＮを使った応用の開発が試みられ、自動運転自動車やドローンの制御、翻訳、会話型スマートフォンなどへの応用が進められている。このＡＩの開発競争は巨大なうねりとなって猛スピードで動いている。ここで述べた例もすぐに過去のものとなるが、問題も多く残されている。ＤＮＮの構造、方法論、学習時間などの理論的問題が明らかになっておらず、一種の試行錯誤の手探りの状態で開発が進められている。ＤＮＮの最も有効な階層構造と回答の収束性はどのようなものか、さらに最大の問題はＤＮＮの理論的限界がいまだ明らかにされていないことである。[15] また脳とどこが同じで、どこが異なるのか、得意な分野は何かなども明らかにしなければならないことである。現在のＡＩは視覚の特徴抽出や自然言語処理などに威力を発揮しているが、判断や評価、推論にまで応用できるのかわかっていない。開発の度合いがプラトーに達していないために、どこまで進むことができるのか冷静に見守る必要がある。

人工知能の未来

計算機の性能の進歩がこのまま維持されるならば、未来論者カーツワイルが論じているように、二一世紀中ごろに計算機は人間の総合的な能力を超える性能を持つシンギュラリティ（特異点）の時点を迎えることになるであろう。(16) 記憶装置の記憶容量は格段に増え体積は小さくなり、計算速度は量子コンピュータや分子コンピュータなどの新たな演算装置を取り込んで高い処理能力を持つようになる。(17) それらの計算技術を使ってＡＩのニューラルネットワークを創るのがここでの未来の姿である。

そのときには、ＡＩを組み込んだ装置や機械が至る所で機能していることだろう。ここで使われるＡＩ装置という言葉は入出力や知識ベースでは逐似型コンピュータを使い、判断や推測などの部分はＤＮＮとその両者を含むハイブリッド型装置の広い意味を指している。その使い方は特定の目的に特化した言語処理に得意なＡＩ、画像処理に得意なＡＩ、音声処理に得意なＡＩなどと生活のさまざまな場所で使われ、インターネットを介して大型の集中制御装置で処理されることになる。

ＡＩの未来に関して第四世代と第五世代に分けた。第四世代はこれまでの専用ＡＩを総合した汎用性のあるＡＩの進歩が期待できる時代で、脳との比較でいえば、脳の機能の局在性を各専用ＡＩで実現し、それをネットワークでつなぎ合わせたものと考えてもよい。

現在のＡＩの開発の原動力は企業が担っており経済利潤が大きな目的である。いかに速く能力の高い専用ＡＩを開発して特許を取り、世界市場を独占できるかにかかっている。早いもの勝ちで、アメリカの情報大手の企業は巨大な投資と企業買収を繰り返して、この競争で主導権を得ようとしている。それが今日のＡＩブームを引き起こしているのだが、この巨大な投資はさらなるＡＩ能力の拡大の加速を引き起こしている。日本も将来の主たる経済モデルの発展が期待できる分野としてＡＩ関連分野が挙げられ投資している。しかしその裏で、もはや世界でどのような研究が行われ、どのようなＡＩ能力が実現されているかの追跡が難しくなってきている。その理由の一つは、情報大手企業は世界制覇を実現するために研究・開発情報の隠匿化、すなわちステルス化を始めたからである。たとえ不都合が指摘されても企業秘密に守られて追及の壁が高くなっている。企業は自らの独自性から、音声会話、検索、商品配送、画像処理などの分野に特化し、利益の統合を図っているが、当然、弱肉強食の世界であって他分野を支配できるならば、より大きな利潤が期待できる。そしてその先に見えてくるのはさらなる情報の世界制覇の野望ではなかろうか。

幸いなことに、第四世代のＡＩは人間の能力を超えたものだが、人間の飽くなき富への欲望とＡＩに対する不安は巨大企業への富の一極集中を否定し、役割に応じた富の分散モデルが追求される。技術者も開発目的が人間の幸福の実現、直接的には開発資金を提供しているパトロンの意向から人間がコントロールできないＡＩの製作は要求されず、かろうじて人間の制御下に第四世代のＡＩはおかれている。まだ大局的にはＡＩは人間の手で電源を切ることができる状態にある。

さらにこのＡＩの能力が進歩した先にはどのような世界が広がっているのか、それをＡＩの第五世代とした。その時代、計算や記憶、情報処理能力は第四世代と大きくは変わらないかもしれないが、ネットワーク間の接続の強化や複雑化が加速されて、より知能と汎用性の量的拡大を高めていった先に、ある日突然、またはは知らないうちにＡＩが自己意識と自律性を獲得したと考えられるような状況が実現してくるかもしれない。つまりＡＩが別の意味で「生命」を獲得したことを意味する。これが人間の脳をモデルにして創り上げていったＡＩの最終着陸点である。人間の脳は進化により一千億個のニューロンと限りない複雑な相互神経接続を可能にして、環境を認識し、運動を獲得し、生き延びて、地上のあらゆる場所を支配し、月にまで到達した。われわれは、このヒトの脳が他の動物と異なる能力を持つに至ったきっかけが何であったか知らないが、これらの能力が実体としてのヒトの脳で実現されているということは、ＣＰＵコンピューティングやＤＮＮの能力向上やネットワークの接続性と複雑性を進めていけば、いつの日か、あるいは自己組織化によって自然に自己に目覚めた超知性体（ＳＩ）が現れるかもしれないことを意味している。このとき、感覚・運動の入出力装置としての身体はＳＩの筐体（容器）と必ずしも一致する必要はない。ＳＩは無制限といえる記憶量と計算力を持つに至り、他方ではネットワークでつながれた最強のロボットが身体代わりに自由に情報収集と環境との相互作用を図っている。そしてＳＩはそれらの情報を統合して総合的に運用できるようになる。

そのとき、ＳＩはヒトの進化の経緯を学習することによって、ＳＩの「生命」は考えうるあらゆる技術を持って自己防衛に走るかもしれない。この自己保存という衝動だけは、どのような世界が広がっていようとも地球上に存在する自己意識を持った「生命」にとっては排除することはできないものである。軍事技術では、恐怖から軍事ＡＩの電源が人間の手で切れないようになっているかもしれないし、企業のＡＩも企業防衛から敵の侵入を防ぐ強力な防衛措置を繰り込んでいるかもしれない。それらがＳＩの手に落ちれば人間の知恵と力に勝ち目はない。そのことを念頭に、知能としてのＡＩと、「生命」としてのＡＩを分離してとらえることが都合よく可能なのか、新しい宿題が与えられた。

1・2　楽観論と悲観論

未来を語るとはどういうことなのか。その前に未来とは何かについて考えてみよう。ヒトは進化の過程で時間という観念を獲得し、それによって過去と未来を考えられるようになった。過去は、文字の記録を参考にすることが多いため、それを基に遠い過去を想像することができる。

有史以来、未来は現在の延長と仮定してきたが―そうではないかもしれないが―、西洋のルネサンスあたりから、これに進歩、前進という観念が未来を考えるにあたって加わってきた。現在よりも未来はより豊かになり幸せになるべきだという考えが一般的となり、人はそれに向かって一途に努力するような強迫観念にとらわれるようになった。それを現実に証明したのは大航海時代の貿易による富への渇望であった。さらに産業革命は未来が過去の継続だけではなく進歩していくのが必然であるという考えを強化した。そして今日、この考えが大勢を占めている。

しかしこの科学技術の進歩や発展が本当に人間の幸福実現に寄与したかどうかが現在問われている。その典型が地球環境の破壊であり、原子爆弾や遺伝子技術をはじめとする多くの科学技術の進歩のなかで指摘されている。地球は過剰な消費、それによる環境汚染によって疲弊しかけており、地球に住む全員を幸福に導いているかどうかは疑わしい。むしろ科学技術は世界の人びとの格差の拡大を助長しているのではないかと疑われている。また原子力利用は科学発展の典型的な成果で、エネルギーや医療分野で多大な恩恵を与えていると同時に、原子爆弾や原子力発電事故による過酷な犠牲も強いている。

そこから科学技術の進歩、発展は必ずしもすべてが善であるとは限らないという見方が現れてきた。一つの文明が永久に存続し繁栄することは歴史上、証明されていない。とすると未来を考えるにあたって、未来は進歩、発展していくということに対して懐疑的な見方をするようにもなってきた。そこに科学技術の光と影のどちらに焦点を当てるかの楽観論と悲観論の二つの見方の分かれ道ができることになる。

未来を語る場合、立場によって楽観論と悲観論の両方が必ず存在し、論者は自分の立場から他方を過小評価する傾向がある。悲観論者は、原子爆弾の存在、環境破壊、エネルギー問題、人口問題など世界が直面している問題を強調して、もう少し慎重に技術開発を進めなければならない、これらを人間のコントロール下に置かなければならないと主張し、そうでないと人類の未来はないという。確かにこれらの問題は二〇世紀後半から二一世紀にかけて次第に深刻化してきており、未来においても改善されるスピードは遅い。近い将来、核戦争が起こるかもしれないとして時計の針を二四時の数分前であるとして表したし、石油によるエネルギーは二〇世紀末には枯渇するであろうとローマクラブは約五〇年前に予測した。しかし二一世紀に入っても、核拡散の危惧は存在しながらも、核戦争は起こっていないし、車社会は当面なくならない。それより新たな問題として原子力発電の事故、遺伝子操作によるデザイナーベビーの試みなどの未来を制約する危険が生じてきた。悲観論者はその先の科学技術の危険性に対しても、その危険性がゼロでないという論理で攻め立ててくる。CERNの加速器の実験でミニブラックホールができて地球が消滅するという危険性が指摘されたこともあった[18]。

一方の楽観論者は、社会は原子力や石油資源によって豊かになり、電化製品によって生活はより楽になっているではないか、将来にわたって技術の進歩は人間を幸せにしてくれるはずであると訴える[19][20]。モノとネットワークがつながり生活は豊かになる、肉体労働は減る、自動運転車で事故は減り通勤時間の間、他の仕事ができる、目の見えない人が見えるようになる、足の不自由な人が歩けるようになる、病気を克服し貧困をなくすことができる、ハイテクを利用すれば戦争に勝てるなどとある種バラ色の夢多きユートピアの社会を描く。彼らは、地球温暖化は起こっていない、原子力は人間のコントロール下にある、遺伝子技術は病気撲滅に貢献しているではないかといって、技術のネガティブな影響や不都合な事実については口を閉ざすか、形式的に論じるだけである。そしてそのような危険性はあるだろうと最後に一言指摘し、だから早く社会的なルールづくりが必要で、法律の問題であるといって技術者に責任はないという。また新しい技術はより人間を豊かにするのだから、人類への利益が大きければ多少のリスクは受容しなければならないという。人間にとってチャレンジや前向きな思考は大切なことであるとして技術者は構成論的発想をするようになる[21]。構成論的とは、原理や理論がわからなくても、まずは創ってみる、そしてできあがった機械や現象を理解する、またそのモデルが妥当かを検討する、さらにそのモデルを改良し再び創ることを繰り返す、そのプロセスを指している。多くの技術はそのようなプロセスを経て実用に耐えうるものになっていっている。しかし情報テクノロジーの場合、得られる利益は大きいもののリスクは後で現れるために危険性が覆い隠される可能性がある。

　科学者や技術者は得てしてテクノロジーは魔法の杖のように望むものは何でも達成され、出てくるといった幻想と、期待や希望的観測を誇張して振りまく。さらに進歩や発展を自己目的化し、技術者は機械やロボット、ＡＩに何をさせるかに興味を示すが、何をさせないか、させたくないかには興味を示さない。その社会的影響や社会的責任、技術的困難については過小評価し、また想定外のリスクが生じたときには口を閉ざしてしまう。あるいは技術を知らない根拠のない議論として無視したがる。一般大衆は、指摘されている楽観論と悲観論の違いを見極めることは不可能であり、どちらがより真実で注目すればよいかわからない。人間は嫌なものは見たくないという性質を持っているため、夢や輝かしい未来の話を聞く方が心地よい気分になり、楽観論を受け入れるようになる。科学的発見や技術のスピードが非常に速くなった現在、科学者も技術者も自己利益の保持と発展に集中せざるをえなくなり、複雑さと不確実性な未来に対してリスク全体の理解や判断が難しくなってきている。これから先の科学技術の進歩は必ずしも所得の格差をなくしすべての人間の幸福を実現するとはいえないところがあることを心に留める必要がある。

　過去を振り返ったとき、科学技術の実現性や影響力、そしてこれまでの輝かしい実績を眺めると、それらの負の遺産や限界、失ったものについて、つい忘れがちになる。一五世紀の印刷技術革命は知識の保存と伝播を拡大した。産業革命は物質文明を拡大し、今日のような豊かな社会を築いたが、その弊害が現れても重症になるまで無視する傾向を示してきた。都市化、長時間労働、児童労働、環境汚染などの弊害がひどくなって初めて、それらの改善に資本投資せざるをえなくなってきた。これからの情報革命はわれわれの知能と能力を押し広げようとしているが、産業革命の場合と同じように、それらには弊害と限界があるのではないか、そのことに人々は気が付き始めているが、残念ながら現代の豊かで便利な社会はそれらを享受している人びとにとっては声を上げにくくしている。

1・3　心性の未来

これまでの議論は科学技術の未来についてであり、どちらかというと物質文明やテクノロジーの未来、情報社会の未来であった。科学は自然界の法則や原理を分析的に解明する学問で、人間の好奇心と想像力に助けられて進歩し、それが実用化され人間の生活を潤し目に見える形で継承されてきた。しかしこれから論じる感情は非物質的な心の問題である。

心性の進歩は経済とともに変化してきたが、心性の研究は実証科学になって高々二〇〇年しか経っていない。これから議論するＡＩの世界はコンピュータ技術と情報技術の両方を従えて花開く未来である。両方とも情報を単位とし、コンピュータ技術は物質世界に属するが、それが実現される世界は人の精神や心とオーバーラップしてくる。ＡＩの研究のキーワードを眺めてみれば、認知、認識、評価、判断など人間の機能に属する心理学の言葉が並んでおり、分野が違えばこれらはすべて心性の領域である。まずは広義のＡＩが、運動、感覚、認知、評価、判断の機能を獲得し、ＡＩ自身やロボットを通して人間との相互作用を及ぼすようになる。ＡＩの自然言語処理技術が進歩してくるとＡＩと会話し、それによって人間が影響される。特にＡＩが感情を示すとその影響はさらに強くなる。人間の場合、感情は精神の領域に属し個人の主観的部分で理解不能な心性の領域であると考えられてきたが、感情について神経科学的なメカニズムがわかってくると感情は科学的にコントロール可能だということが次第にわかってきた。

さて心性の未来という学問は存在しうるものなのだろうか。心理学や哲学の過去と現在は学問体系として確立されており、過去を振り返れば、人間の心性は大きく変わってきたとも見える。宗教がまず初めに大きく心性を変え、一五世紀のグーテンベルグの印刷革命は知識の伝搬を加速し、その結果として時間空間を越えた知の交流が起こり知識が拡張された。一八世紀の産業革命は機械による身体の代替を通して大きく心性に影響を与えた。現代の科学技術は人間関係を含む社会的精神に大きく影響していることがわかる。小さいときの遊びと現代の娯楽を比較すれば、また家族関係を見れば、その変化の実感が強くなる。心性の過去はこのように振りかえることができる。

ヒトの心性は進化の結果であり、心性を感情と読み替えるならば、感情は数億年の歴史を持ち、ヒトの脳の中にその痕跡を残している。感情はヒトが自然環境の中で適応するための判断基準の一つであり、これらを進化の過程で獲得してきたために今日までヒトは生き延びてくることができた(22)-(25)。ヒトの脳が数億年の進化の結果だとするならば、これから先、進化的時間に比べてはるかに短い瞬間の一〇〇年や二〇〇年ではヒトの脳の量的拡大や質的能力はほとんど変化しないだろう。遺伝子改変のデザイナーベービーを試みなければ、文化によって感情表現は変わるかもしれないが、ヒトの基本的な感情能力は未来においても何も変わらないはずである。

情報化社会の未来に対しても人間が存続しなければならないとしたら、未来の人工環境において短期間の脳の量的拡大や機能的進化には期待できないため、人間は知恵の中でその人工環境に適応していかなければならないことになる。そのとき、感情適応も大きな変貌を遂げなければならない。感情の根本的な生理学的特性は現在と変わらないが、これから起こるであろうＡＩを組み込んだ装置で満たされる人工環境の中で、それに対応する人間も変化が求められる。これがここで考える心性の未来である。たとえば信頼、愛、思いやり、共感などの神経科学的機能は変わらないが、ＡＩ革命の中にあって、そこで発現する感情の様相は大きく変わり、感情の制御可能性と相まって、心性の現れ方は大きく変わる可能性がある。

人間は独自の機能として、推論、一般化、統合化、抽象化などの能力を進化させてきた。またヒトの優れた点として直観やセンス、コミュニケーション、身体性、発想・アイデア、イノベーションの能力を挙げる人もいる。[26] この先、ＡＩの能力が高くなっていくならば、いずれかの時点で人間の総合的能力をＡＩは超える時点がくると考えられる。そしてＡＩやロボットでの感覚や運動の代替、知能の代替、コミュニケーションの代替が完成し、さらに自己意識と自律性を獲得したＡＩが現れてくると、人間の社会的役割の再評価、すなわち技術の進歩と心性の進化とのミスマッチが起こり適応としては難しい問題に直面してくる。想像力の先に、ＡＩは地球上の新しい人工的な「種」として現れ、人間よりもはるかに強力な知能とパワーを持つ存在に成長、進化していく可能性がある。

2章　AI、ロボットと感情

ロボットにはさまざまな用途があり、作業ロボット、配送ロボット、分析ロボット、災害救助ロボットなどは社会の中で認知され大いに役立っており、それらは人間に代わり単純な繰り返し作業や危険な定型的な作業に使われている。産業用ロボットは工場などの作業現場に固定され、機能も制限され、形も作業に特化した形になっている。しかし、ここで議論したい「ロボット」とは、閉ざされた工場や倉庫、研究所の中ではなく、社会の中で人間と対面関係を持ち、人間を支援し援助するロボットのことである。家庭で使われ、会社の机の上で使われ、さらには持ち運び可能な小さいものまでと、大きさはさまざまであるが、人間の生活を支援する道具として期待されているものである。人間とともに活躍するためには、そのロボットは人間とフレンドリーな関係を持つことが求められる。特にそのロボットが家庭の中で、あるいは介護分野、サービス部門で利用され、人間に受け入れられていくためには、より深く人間に寄り添う関係がなければならない。そのためには、特に人間が持っている「感情」をロボットやＡＩが理解し表出する必要がある。というのも人間が持つ感情の中には、親愛の心、絆、連帯、思いやりなど、集団の中で人と人をつなぐ重要な機能があり、それらが人間関係を保持しているからである。利便性だけでロボットを使用したいとするならば、それは心を持たない単なる道具としてのロボットでも構わないのである。

ここで工学の分野ではロボットという言葉をいろいろ使い分けている。ロボットという名は単に人間の補助として働く機械に使われ、アンドロイドやヒューマノイドは人間の姿に似たロボット、アバターは化身という意味で、その他サイボーグは改造人間の意として使われている。

2・1　AIによる感情処理

情報としての感情

感情はさまざまな視点からとらえることが可能である。ここでは二分法が有効で、感情を大きく「生命としての情動」と「情報としての感情」に分けることができる。生命としての情動は身体の内部環境、自然環境、そして集団の社会環境の中で生き延びるための行動決定の機能であり行動の選択と評価の役割をしている。

しかし、生命としての情動だけでは複雑な社会環境の中で生きていくことは難しく、「生命としての情動」とは別に「情報としての感情」という機能をも進化させてきた。

「情報としての感情」のみを考察の対象とすると、いま身体に関連した、また生存に関連した「生命としての情動」を捨象して、独立に操作可能な対象として感情をとらえることができる。ここで感情を数値化して考察できれば、いままでコンピュータ科学で研究されてきた記憶や認知、パターン認知で考察したのと同じ操作がコンピュータ上で可能になる。そうなるとこれまで医学や生理学、心理学のテリトリーで扱いにくいという印象は取り払われ、人間の感情を工学的に制御し加工することが可能となる。こうなるとさらにロボット技術の進歩と重なって喜怒哀楽の感情を商品とする巨大な「感情の商品化」や「感情ビジネス」が展開できるようになる。これが「商品としての感情」の考え方の基礎にあるものでもあり、生命としての感情が持つ価値判断としての役割部分を切り離し、単に情報として扱うことの結果を意味する。しかし強調しておきたいことは「情報としての感情」として取り扱える感情は、広い感情の一部に過ぎないことである。

時代は、少子高齢化、労働人口の減少、絆社会の崩壊などに直面しており、人びとの心の状況は大きく変貌を遂げ、家庭やサービス産業、介護分野で、自分を確認し、他人との良好な関係を再構築するための感情のコントロールのニーズが強く求められるようになってきている。サービス分野では、無表情な顔や事務的な会話よりもフレンドリーな笑顔や対応が強く求められるようになってきた。これがより顧客に好印象を与えてリピーターとなり、またショッピングでは心のこもった対応が気持ちよく商品を注文してもらえる必須アイテムになった。さらに企業からみれば、フレンドリーな感情を持つロボットは、二四時間、文句も言わず働いてくれる人間の代替になる。現在、企業は利益につながるとして接客教育に資金をあてがっているが、それでも人間だから対応次第ではトラブルが起こってくる。それを考えると、社会的ニーズとコンピュータ技術やＡＩ技術の進歩が相まってコンピュータ制御された感情が商品としての意味を大きく持つことになる。社会科学でいうところの感情労働がＡＩやロボットによる代替として求められてくるということになる。

また感情表現の要求だけでなく感情認識においても、広告やメディア、マーケティング調査、警備、受付などの場で顧客の感情を読み取る感情認識が進めはより温かいもてなしが可能となる。

科学技術の進歩は大きな目で見れば、つねに人間の能力の機械への代替であった。車という道具は人間が運べる物量と移動の拡大、増強であり、生産機械は手でできる生産の拡大であった。通信は人と人の直接交流から手紙、電話へとコミュニケーションの拡張である。計算機は計算能力や記憶能力の拡張であり、これらをながめればつねに人間の能力を補完し代替するために科学技術の進歩はあったといっても過言ではない。そのとき、「感情」だけが攻略不能な聖域であるとは考えにくく、感情を数値化商品化してサービスに付しても十分社会で通用することができるとわかった段階で、感情コミュニケーションの代替がソーシャルビジネスの展開として広がっていくことになる。

感情の分類と数値化

人との接点における感情表出は、言語的表現と非言語的表現の二種類がある。言語表現とは人が「楽しい」と感じると言葉で「楽しい」と表すことである。一方、非言語的表現とは、その「楽しさ」を、眼の動き、表情、声の調子、しぐさを通して表現することで、言葉による表現をさらに補強する機能を持つものである。

感情を前節で議論した「情報としての感情」とみなすと、人間が示す感情を言語的表現と非言語的表現の双方の有限個の数値表現として整理することができる。ここでいう数値化とは感情のラベルと強度を数値に置き換え、統計処理を行いやすく一般化し、それを記憶装置に蓄積できることを意味する。日本語の感情語辞典では、感情を表す日本語は古い言葉も含めて三千個程度がリストされており、感情を表すキャーキャーとかシクシクなどの擬声語をも含めても四千個あたりが知られているだけである。[1] ここで重要なことは、感情を表す基本的な言語数は有限個であることである。人間はそれに加えて、その強さを表す形容詞を付け、速さや強度を調節して、感じたあらゆる感情を表してきた。非常に怖かった、あまり怖くなかった、非常に楽しかった、あまり面白くなかったなどと無限の種類のアナログ的評価で感情を表してきた。小説を読めば非常に複雑な人間の心の綾を巧みな言葉とその組み合わせで表現している。氷のような冷たい心、炎のように燃えた愛、天にも昇る心地、うれし涙などの表現をながめると、人の感情を表す表現は無限であると思うことができるが、日常生活で使われる感情表現は限られている。

一方、非言語的感情表現は目の動き、表情と声の変化やしぐさが主となる。表情はヒトにおいて言葉以外に最も進化した感情表現法であり、しぐさによるボディ・ランゲージは感情表現の補助となる。犬やサルにおいて相手を威嚇するときは、口をあけ唸り声をあげる身体表出をしている。ヒトでは表情の豊かさはまさり、表情筋の制御は多様になり緻密にもなった。

感情コミュニケーションにはこのように言語的表現と非言語的表現があることが示されたが、ここで言いたいことは、それらのどちらも基本的な有限の基本パターンに区分することができ、かつそれらを通して感情が数値化できるということである。これは感情を情報としての感情として考える考え方で、感情を数値として置き換え、さらに有限個のパターンに分類すると、これらはコンピュータによる計算の範疇に入ってくる。

これまで感情はアナログ的でコンピュータでは取り扱いにくいと考えられていたが、感情をラベル化し、これまで計測されてきた心拍波計や脳波のアナログ的な数値を加えた感情多次元マトリックス上に分類して統計操作にかければ、感情のビジネス化は実用のうえでも、または社会的にも、十分に使用に耐えうるようになる。ソフトバンクから販売されている感情ロボット・ペッパーはヒトの感情メカニズムを参考に七種類の神経伝達物質をベースにした基本感情が使われている。[2] 感情ロボットはＡＩを使った自然言語の解析から感情語を抽出し、その頻度や組み合わせの統計、動作の評価などのデータを解析し、一般的にかつ迅速にその人物の複雑で多様な感情特性を数値として把握している。さらに数値化されているので新たな経験はデータとして追加、修正、記憶が容易になり予測確率の向上が見込まれている。しかし簡単でない部分があることも事実で、会話の内容から言葉のどの部分を感情語として評価し分類するかは、現在のＡＩや逐次型コンピュータ技術で苦手とするところである。それに状況に合わせた文脈の中での感情の識別となるとさらに難しく、たとえば同じ言葉でも本当に嬉しい場合と義理で嬉しいというときの違いや、禁断の恋、愛と憎しみの両方を抱くアンビバレントな感情を示していることがあり、感情の識別や認知は、それが単純に一種類の純粋な感情から成り立っていないために非常に難しい。また時々刻々変化する不安定な感情を同定することも難しい。ある状況で笑って泣いて怒ってと短時間で変化した場合、人間でもどれが本当の感情であるか決めるのは難しい。さらに泣きながら愛を告白するといった言葉と表情の不一致の場合もその識別には高度な判断が要求される。しかしＡＩの自然言語処理能力の向上は著しく、この能力はＡＩが得意とするところであり、複数の感情が組み合わされた複合感情といえども簡単にランクを伴った多次元マップ上の分類で表される。このように感情を情報としての感情ととらえ、数値化を可能にし、感情識別をAIに任せ、その感情テーブルを仮定したところが今日の感情エンジンやエモーション(感情)チップである。[3] 将来に向けて、感情の区分のJIS化をめざす技術者まで現れる時代である。この技術が進めば、人生のイベントの記憶は、事実だけでなく感情の変数を伴って記憶できるため、コンピュータによる記憶はより人間の経験のエピソード記憶に近づくことになる。

深層学習

情報としての感情は、情報という性質上、数値に置き換えられ、コンピュータ上でデータ処理可能となる。われわれはコンピュータの計算によって「感情」として表出されるものを人工感情と定義する。現在、コンピュータで処理された人工感情が人間社会の中で使われようとしており、これがこれからの人間の心性を変えていこうとしている。コンピュータ生成による人工感情は生命としての感情ではなく、普段の生活の中で使われるどちらかというと取りとめのない感情である。その相手の感情が推測できるならば、それに対応する会話やしぐさが可能になり、よりフレンドリーになれる。最初のステップは、相手の識別である。誰と話をしているのかを特定することから始める必要があり、相手を特定する情報は名前と顔である。名前からの特定は簡単であるが、顔から相手を自動的に特定することもできる。眼や口などの形態や空間配置を細かく設定することによって、顔の特徴を数値的に記録することができる。その顔の違いを統計的に検索するならば特定の顔を識別することが可能となる。さらに性別や年齢の推測も可能になる。これは顔のパターン識別ではなく、通常の統計計算である。この技術が犯罪やテロ防止の対策として、駅や空港など多くの人が集まる場所で、高分解能カメラで撮影した画像の中から、犯罪者や要注意人物を記憶されたデータベースと照合すれば瞬時に特定することができる。

次のステップになって初めて感情識別になる。それには相手の表情、動作、会話などのから感情パターンを識別することが必要となる。先に述べたように表情は静止画像としてその空間配置から基本感情のパターンに分けることでＡＩが利用できる。また、声の調子も同じように、緊張しているか、リラックスしているかなどの声の速さや強弱、高低などの情報をもとに推測することができる。また動画を用いて人物の無意識の頭の動き、表情の変化、眼球の動きから、それらの振動数と振幅を計測すれば、感情評価の精度は上がるだろう。将来は身体に取り付けられたウェアラブル機器で心拍数や体温、呼吸数などの数値化されたデータが、感情テーブルに付け加えられ、その人の感情がより詳細に計測可能となる。これらの技術を総合して、ストレス評価すれば、ある閾値を超えた人物をピックアップして注意を喚起し、また警告を発することも可能になる。

最後に残ったのが会話の内容の言語分析に関する項目である。工学的には自然言語処理に相当し、これもまた現在かなりのところまで進歩している。最も厄介な分野であるが、言葉を数値に置き換え、つながりも数値化することによって文脈をパターン化することが可能になってきている。ＩＢＭのワトソンがアメリカのクイズ番組で勝利を収めたということは前に述べた。このコンピュータは文字列を数値化し、質問の内容を統計学的に解析し、その検索をコンピュータ自身が内蔵している記憶装置から取り出し、相関関係を計算し、最も確率の高い関係性を答えとして出してくる「賢さ」を持っている。この技術を活用するならば、コンピュータは感情語の意味そのものを理解していなくても、相手の発する言葉から感情語とその関連する前後関係から文脈を抽出することは簡単である。そこから得られるデータをもとに感情表出としてコンピュータの応答が尤もらしく感じられれば、感情識別の技術の大半は完了する。そこに感情表出の補助としての表情やジェスチャーが伴えば完璧になる。

現在の深層学習ブームは過去のニューロコンピューティングの研究成果の上に成り立っているが、再ブームのきっかけは、二〇一二年、カナダのトロント大学のヒントンが物体認知に関する国際競技で、物体識別の能力を新たな発想によってエラー率の改善を一〇％上げたことが刺激になっている。それは、従来のニューロネットワークの層構造の二—四層をさらに多い多層にしたこと、さらに計算する過程での収束条件が改善したことによる。もう一つ背景としては、複数CPUによる大規模並列分散処理、記憶装置の高密度化、素子間接続回路であるバスの高速化、画像処理演算素子の利用などで大規模なニューラルネットの計算時間が短縮可能になったことによる。理論的には確率的相互結合型機械学習モデルが使われているが、詳細は専門書[(4)(5)]に譲るとして、数万台のCPUの制御技術であるマシン間の通信速度、遅延時間の問題の解決や故障回避技術も改良されたことによる総合的な結果でもある。多いものでは可能ならば千層のニューラルネットワークも試されている。それら改良されたDNN学習を使うと物体の識別の性能が従来のものより格段に上がり、実用に耐えうるものになった。先に述べたグーグルの装置は一万六千個のコアユニットを持つ千台のサーバーを使用して三日間かけてネコの概念を特徴抽出する学習に成功した。[6] ただしこの画像をネコと命名したのは人間である。この学習には事前学習としてネット上にある一千万枚の画像サンプルを刺激として与え学習させて視覚認識の識別可能性を示した。サンプル数が多いほど精度が上がるが時間もかかる。しかしいったん学習してしまえば次からは新たな動物の画像を入力して、それがネコかどうかを識別するのは瞬時である。人間がネコという動物の概念を知っているように、これはコンピュータという物理的な装置が、データをもとに人間が教えなくてもコンピュータ自らが自動的かつ自力でネコの高次の特徴量を獲得したことを意味し、将来、人間と同じマルチモーダルな抽象化や行動と結果の抽象化、行動を通じた特徴量の獲得、言語理解や自動翻訳ができることを示唆している。

これから普及が見込まれる音声応答システムで考えてみると、そのプロセスは、音声をテキストに変える音声の識別の部分、テキストの意味・内容や文脈を理解する認識部分、それに対してどのような内容で応答するかの判断の部分、そして回答テキストを音声に変換する部分から成り立っている。DNN学習が得意とする部分は最初の音声の識別部分で効力を発揮しているのであって、すべてのプロセスにDNN学習が有効であるわけではない。なぜなら内容を理解する部分では膨大な知識のデータベースを参照しなければならず、DNN学習の能力は現在そこまで到達していないからである。このプロセスでは従来のif～then～の処理が多用されており、想定問答集から答えているに過ぎない。シナリオ以外の質問に対してはアップルのスマートフォンに搭載されているSiriアプリは「すみません、理解できません」と答えて検索エンジンにバトンタッチしているようである。逐次型コンピュータであるIBMのワトソンは文の解釈に威力を発揮したが、テキストの理解に深層学習の技術がすでに及んでいる。[7]

そのようなDNN技術を感情認識に応用したのが感情ロボットである。人間の感情を識別するために表情と音声が使われる。表情識別ではカメラで撮った顔の四三か所の動きから感情を予測する技術が開発されている。また音声の高さ、速さ、緊張度、大きさなどから感情の種類の予測も試みられている。これらはDNN学習の得意とするところで、出力される結果は感情のパターン識別である。感情の種類に関しては、有限個の感情に分類しても不自然ではないという事実に即してAIがその候補リストを出力してくることになる。これから先は従来の計算機技術で、さらに確率統計の計算で候補の中から最も状況にふさわしい応答を示すことになる。

脳に似せて深層学習が成り立っているとしているが、進化という時間はあまりにも長く、進化のさまざまな試みが脳の中で行われてきた。脳は錐体細胞だけでなくバスケット細胞や小細胞、星状細胞など百種類以上もの異なる特性を持つ神経細胞が存在し、百種類を超える神経伝達物質と神経修飾物質を持ち、その連絡線維は脳の大きな部分を占めている。さらに神経細胞には興奮性細胞と抑制性細胞があり、脳はこれら複雑な特性をもつ一千億個の神経細胞とそれにつながる膨大なシナプスを有する三次元構造の自然産物である。人間の脳の性能の特徴はDNN学習と比べて、学習速度、答えに至る収束速度が非常に速い。さらに一回の経験で危険かどうか、そのものがヘビであるかを学ぶことができるという学習能力は高く、思考は無限ループや発散に陥ることはない。また仕事量は劣るが汎用性は高く、エネルギー消費はコンピュータと比べて非常に低く、選択においても論理的というより感情や報酬、ヒューリスティックという判断基準を使って短時間で行える点が優れている。それらに比べると機械学習のＤＮＮは数種類の学習原理しか使っていないようで、そのシンプルな深層学習で人間の複雑で多様な能力にまでＤＮＮ技術が拡張され汎用性を獲得するまでには少し時間がかかりそうである。

しかし現在のＤＮＮ技術がすべてバラ色とは限らない。先に述べたように最大の問題は、ＤＮＮ学習の中で何が起こっているかわからないというブラックボックス化していることである。[8] ニューロネットワークを多層にしてランダムノイズを加えることなどの操作をして局所トラップなどを解決し、時間をかければそれなりの人間が定義する結果を出力してくるが、ＤＮＮ学習の原理は何か、ＤＮＮ学習の学習規則性は何か、何ができて何ができないか、ＤＮＮ学習の汎用性や限界は何かなどがわかっていない。

ネットワークとデータ収集

ヒトにおいて脳は進化の結果、高次の情報処理を行いうる知能を獲得した。その構造を詳しくながめると、特化型ＣＰＵに相当する機能局在と思われる機能の中枢が一八〇領野に区分される。[9] その領野間を何種類もの神経線維が相方向に密につながっている。インターネットワーク技術とクラウド技術はそのような脳の構造と類似している。現在、ネットワークのサーバー間の相互の情報のやり取りは地球規模であり、そこで重要なのはネットワークを利用したデータの収集・集積である。各ユーザーの端末やロボットがネットワークにつながり、その利用データを集めれば、感情データの確度は格段に上がる。これまでの心理学の研究では数百人のデータを解析して理論を打ち立てていたが、これからの時代は百万人規模のスマートマシンのGPSデータ、車のGPSデータ、カード決済の品物と時間、場所、もちろんのこと、コミュニケーションアプリの会話の相手と内容、友達関係、通話した時間などのビッグデータが集められてくる[10][11]。個人情報を消し去って、それだけ大量のデータが集まってくると日本人全体や個人の感情パターンの類型分けは収束に向かい、九九%はその中に入り、後は予測精度の向上に関与することになる。そのデータを用いれば、その人は寂しがり屋で、ネットで友達をつくり実際の友達は少ない、内気な人か、怒りっぽい人か、飽きやすい人か、不公正な社会に対して強い不満を吐き、過激なことを冗談で言うことがあるなどといった類型が統計上確かな信頼性を持って分けられてくることになる。ユーザーの利用データから個人の性格特性がいったん分析されれば、それにふさわしい会話を特定の個人に折り返し返答すればよいことになる。そうするとその相手との会話はスムーズにいき、それによってユーザーは満足することになる。現在、このためにロボットやスマートフォンは情報収集端末としての役割を担っている。高度な処理は端末のCPU能力と記憶容量では難しく、クラウド型の分散処理がふさわしくなる。クラウド型計算とはネットワーク上に仮想のCPUのメモリーを用意し本来端末で行われるべき画像処理や記憶機能を中央のサーバーで共有して行うシステムのことをいう。中央には巨大な計算機と記憶装置があり、高度なアプリケーションが用意され、また過去の解析結果が記憶されているので専用のパソコンを持ち運びする必要がなくなる。そうするとスマートマシンの端末は負荷が少なくなりCPU性能やメモリー容量が小さくなり安価なロボットやスマートマシンが実現可能となる。何十万台から寄せられる感情データは、いくつかのパターンに分類され、すなわち文脈と状況に分類され、数値化されて蓄えられる。日本中の端末から寄せられるスマートマシンやロボットの使い方を分類するならば、そのデータの信頼確度は非常に高くなっているといわなければならない。もし間違っていたとしたら、訂正すればよいことで、その訂正が新しいデータとして中央のＡＩに蓄えられ中央のＡＩはそれだけ賢くなったといえる。

「感情ロボット」で会話の親近性の確度を上げるために使われている技術は、まさに情報のクラウド化、ネット化、集中管理、遠隔操作の利用で、以前に開発された癒し系ロボットとは本質的に異なるところである。以前の癒し系ロボットはネットワークにはつながっていない孤立した独立系で、その経験は単体の中で蓄えられていただけだった。したがってその確度を上げるための学習データの収集には限界があり、すぐに飽きられてしまった。これまで述べてきたように、これからの感情ロボットは、ユーザーから飽きられないためにはネットワークを介した中央集中型にならざるをえないのである。そうすることによって、今日会うあなたのロボットは昨日までのあなたのデータ、性格のすべてを知って個別対応の会話をすることになり、つねに内容的にも成長していることになる。毎回初対面の人と話をするのではなく、まるで友達と話するように毎日異なる雑談をすることができる。それでも足りない人はお金を払って新しい機能が付いた次のオプションやバージョンを買うことになる。

この蓄積される情報のビッグデータからデータの特性を評価することをプロファイリングといって、企業が利用している。またそれらビッグデータからいかに有用な情報を見つけ出すかのデータマイニングのなどの新たな分野が展開されようとしている。[13] 一年間の情報量は、ネットワークの中を数千エクサバイト（エクサ：10の18乗）が回っているといわれている。そのほとんどは動画と意味のないジャンクメールであるが、その中から有用なデータを見つけなければならない。将来は数十ゼタバイト（ゼタ：10の21乗）もの巨大な情報を解析するデータ・サイエンスやデータ・エンジニアリングが必要となり新たな職業が期待され、統計学を駆使して、商品開発や制度設計に生かしていこうとしている。また情報空間の巨大化に合わせて必要データを探し出すデータ探偵みたいな職業も出てくるかもしれない

2・2　ロボットと人との相互感情

人工感情の表現技術

ロボットが人間とフレンドリーな関係になるには、怒りや嫌悪表現は厳禁で、ロボットが笑顔や悲しみなどの表情やしぐさを示すことが求められる。特に介護分野やビジネス分野での受付やサービスなどでは、無表情なロボットよりも笑顔で接してくれる愛嬌あるロボットの方に親しみを感じる。現在のロボットの技術では、ロボットが人間の感情表現を真似て、さも感情を持ったように巧みな会話をし、手の動き、首の振り方、まぶたの開閉など感情の種類に合わせてジェスチャーをすることができるように作られている。[13][14] その中でも顔や身体の形が情報としての感情伝達に重要である。ヒト型のロボットの制御技術が未熟な段階である現在（二〇一七年）では、リアルな人間の顔と身体を真似したアンドロイドを社会が素直に受け入れる心

性に至っておらず、不気味の谷に陥りそうになっている。ここでの不気味の谷とは、ヒト型ロボットの外観や動作を限りなく人間に近づけていった場合、強い嫌悪感が発生する時点のことであり、それを超えると親近感を感じる感情的反応がうまれる。人間はペットとしての動物や猛獣でも赤ん坊の時の顔にはかわいらしさと親しみを感じるようで、そこで多くは漫画で描かれる眼が大きい動物に似た顔を用いることになる。そこで多くは漫画で描かれる眼が大きい動物に似た顔を用いることの顔の特徴を持つ大小のロボットがビジネスとして開発されている。それを人は見て、かわいらしいとロボットにさも感情があるように見えてしまい、時に会話をしながらにっこりと微笑むことがある。しかしロボットはわれわれの会話に対して実際何も感じておらず、ただそのようにプログラムされた指示に従って会話し動いているだけである。これをここではロボットの疑似感情といってもよいが、広く人工感情と定義する。それでもってロボットと人間は良好な関係を作ることができる。その技術がビジネスモデルとして注目され、それを可能にしたのは、ＡＩを用いた感情識別問題の解決であり、それがブレークスルーであった。それを基にさらに進んで、現在は感情を尤もらしく自然な表出として表せるかの段階に入ってきている。ぎこちなさのない自然な感情表出にはいまだ機械制御、バッテリーなどの動力系、人工筋肉の開発、それにコストなどの多くの問題があり、ロボットと人間の区別がつかない段階に入るためにはまた時間がかかりそうである。それでも技術の進歩は速く、妙齢の女性の受付ロボットを作成し、実際にデパートなどで稼働している。前にも書いたように人間との関係でフレンドリーな関係を築くためには、無表情で何も動かない顔では人間社会では受け入れられず、ビジネスの製品としては成り立たない。デパートに行った際に笑顔と優しい声で「いらっしゃいませ」と言われることは些細な出来事であるが、それが気分を高揚させ買い物の一つでも増えるかもしれないのである。

この技術開発は、何も人間を騙そうとして親切や愛嬌があるように首を振る動作をロボットに組み込んだのではなく、人間との感情コミュニケーションを円滑に行うための手段として開発したものである。人間がそれを見て、さも感情があるかのように見えるのは人間側の錯覚、または心理的バイアスであり、その心理的バイアスは進化的に獲得された避けることのできない人間の特性である。なぜならわれわれは集団の中で生きていくときには、同じ人間同士として信頼関係が重要であり、それの表出手段として言葉にできない表情の制御が精巧化し、脳の中でプログラム化されてきたからである。

今後、この感情表出技術は精細になり、人間の錯覚はますます大きくなっていくことだろう。ここで述べた外観や音声による感情コミュニケーションだけでなく、触覚や身体的接触タッチング、相互抱擁を利用した癒し効果を狙ったロボットによる影響も大きくなっていくだろう。特にヒト型アンドロイドの研究開発が進んで、表情としぐさの開発のなかに、人間と区別がつかなくなるロボットが出てくるかもしれない。

信頼と信用

感情は生命を守る機能が基本的であり、自然環境の中で自分を守ることである。これには情動脳によるコア情動が主成分であり、これは本能的で無意識的であることを大きな特徴としている。高いところは避け、暗いところも避けるというのはこれに相当する。

感情のもう一つの機能は社会環境、すなわち集団の中で集団を維持し、絆を強化し、敵に対しては団結を強めるものである。ホモ・サピエンスの脳はダンパー数と呼ばれる一五〇人程度の集団の構成員を直接に識別し対処できる能力しかないが、連合や協力、言語と知恵、パワーによって、これ以上の人数の人間を支配できる能力を人間は獲得した。その集団を維持するためには、他人の心が読めて他人を信頼する必要がある。この特性は、他人からは嫌われたくない、他人は疑うよりは信じなければならないなどという道徳規範にも反映されている。世の中には善意の第三者を装いながら、実は冷酷に計算しながら、自分の利益のためなら信頼関係を犠牲にすることに何の躊躇もない利己主義的な人もいるが、囚人ゲームが示すように、これは短期的なことであって長期的な戦略では形式的でも欺瞞的でも信頼関係を築き、協力や連合することは自己にとって利することが多い。[15]それがチンパンジーでも有している社会的知性（マキャベリ的知性）の根本的な役割である。[16]

他人を疑っていては夜も安心して眠ることができず、疑心暗鬼では外も出歩くことができない。いつ何時、寝首をかかれないとも限らない。騙すことは集団への裏切り行為で、集団から糾弾や排除される危険、生存が危うくなる危険がもたらされる。そのことを本能的に知っていたヒトは自分がそうならないために他人に対しても欺くことはしなかった。それがたとえ見知らぬ他人や不特定の他人に対しても基本的に信頼する性質を持ち、相手に対しても信頼を要求するようになった。そういう意味で信頼関係は双方向的関係であった。歴史をながめれば、旅人が世界を旅したとき、多くの文化では、情報源として、また経済取引として旅人をそれなりにもてなしたことが示されている。旅人を侵入者としてすべて殺していては、文化の未開の土地への拡散はなかった。

信頼という言葉には多義性がある。モノに対する信頼、技術に対する信頼、会社・生産者に対する信頼、人でも特定の人、不特定の人に対する信頼とそれぞれの意味は異なっている。上で議論したのは人に対する信頼の問題で、人に対する信頼を「相手の意図に対する期待」と制限して議論する場合がある[17]。社会の不確実性が増すなかにあって、相手は自分を騙そうと思っているのではないか、相手が自己利益のために搾取的な行動をとる意図を持っているのではないか、内部の仲間として見ることができるのか不安になることがある。それらは広い意味での生命、財産、評判、自尊心などの自己の利益が損なわれる不安を意味する。信頼する側では相手がそんなに悪い人間には見えないという人間が社会の中で人間関係を抜きにして生きていけない性質を必要とする。一方、信頼される側では、相手に信託された責務と責任を果たすこと、場合によっては自分の利益よりも他者の利益を尊重することが求められる。

未来のロボット社会では、モノに対する信頼とロボットに対する信頼とは少し異なってくる。モノに対する信頼では安全性が主たる要因になるが、フレンドリーなロボットが世の中で羽ばたくようになると、人間はロボットを信頼し、心を開き、安心するようになるかもしれない。ロボットが感情を持つようになると、その傾向はさらに強くなる。この信頼はロボットを造る側の問題になるのか、それとも受け取る人間の側の基本的な性質の問題になってくるのだろうか、そこが問題となる。

心理的操作

前節では社会の中で相手を信頼しなければ生きていけないという考えを土台にした人間の特性について議

論した。その中で人間は何事においても騙されないようにしなければならないとも述べた。これは受け手側の論理であって、送り手側の論理ではない。時に送り手は、相手に不快を与えないことや積極的に楽しませるために信頼関係を利用して相手の思考や感情に影響を及ぼすことにより、送り手の思いどおりに行動させることを意図するかもしれない。これを心理学では心理的操作といっている。セールスマンが物を売る場合、ただ笑顔で立っていただけでは、相手には振り向きもされない。送り手の要求や期待に添うように相手を誘導する場合には、相手、すなわち消費者が持つさまざまな特性を応用しなければならない。というのはこれからのロボットと人間のコミュニケーションの場面においては、ロボットが行うことや話すことに対して、言われるとおりに行動してもらうことが求められるからである。介護では利用者に安心と癒しの効果を与えなければならないし、受付やサービス部門では良い印象を与えて買い物をしてもらったり、案内や説明に従ってもらったりしてもらわなければならない。それにはビジネスにおける商品販売の技術が参考になる。その中の説得技法は受け手の特性としてよく知られており、六つの項目、返報性、認知の一貫性、社会的証明、友情、権威、希少性が指摘されている。(18)

返報性は、貸し借りやgive and takeという行動の中に含まれている人間の避けることのできない性質で、借りたものは返さなければならないという非常に強力な人間の行動を縛る特性である。これが守れないと集団からはじき出される危険性がある。他人から物を貰ったらそのお返しに親切にしなければならない、ある人から厚遇を受けた場合には、その人が困っているときには助けなければならないといった具合である。認知の一貫性とは、社会的通念として、社長や教授、医者、教員、公務員などのイメージが存在し、それに囚われて行動することを意味している。社長だから、大きな車に乗り、大きな家に住む、学生だから働いていないので小さな車でよいと自ら考え、社会的身分にあった車を買ってしまうことである。社会的証明は、自分の知っている有名な人も買っているから、その製品は良いものだと思うことである。また自分の周りの知人や友人が買っていて勧められたことによる。訪問販売で近所の人を集めて押し売りをする場合効果的である。友情とは、友人が買っているものと同じものを買うことである。権威は有名人や大学教授がその製品の良さを証明したなどと聞くとそうかなと思うことである。希少性は、残り何点、限定販売だと言って買えなかった場合の損意識の感情を刺激することである。これらに加えて相手が一人か複数かによって影響される度合いは大きく異なってくる。それも警官や弁護士などの社会的権威を名乗って説得に来られると、普通の人は簡単に説得されてしまう。しかも自分から決めたと思って決定してしまう。

しかしこれらの方法は受け手の特性を利用して、何かを依頼したりする場合に有効ではあるが、これだけでは人間は望みどおりには動かない。それには送り手の魅力や専門性、勢力が求められる。時に親切さ、親しみやもてなしなどをとおした人間的な温かさが人間の意思決定に大きく影響を及ぼす。言葉を介さない笑顔やタッチングという相手との身体的接触を併用したり、視線やまぶたの動きなどを使ったりして信頼関係を築くことが送り手の希望を実現することにつながる。これらはすべて心理的操作になり、送り手における感情管理も必要とされる。

直接的説得が不可能ならば、間接的説得を使うかもしれない。これもまた社会心理学の成果で、集団による説得という技法を用いるかもしれない。職種の違う数人で説得する、友達を利用して接触する、流行をつくる、世論を誘導するなどの非常に複雑な方法を使って、自分の思いどおりの世界をつくるかもしれない。

なぜこのようなことを議論するかといえば、先ほどから何度も指摘しているように、われわれが行動し意思決定するには、見かけ上の信頼関係が重要で、相手の本物の感情や誠意、振る舞いがあまり必要ないという点である。相手が自分の既成概念どおりの振る舞いをしてくれれば、相手に悪意があったとしても相手の親切心や誠意を信じてしまうという特性をわれわれは持っているということである。われわれが社会生活を営むうえでは必要な特性ではあるが、それらが本物か嘘なのかを区別できなければ、それを受け入れざるをえないということである。

これまで議論したロボットの人工感情はまさにその代表例になるかもしれない。なぜ人は感情ロボットの示すとおりに行動してしまうかということである。フレンドリーではあってもモノに過ぎないロボットに対して別にそれに従わなくてもよい自由を人間は持っている。しかしロボットの外観がヒトに近づけば近づくほど、また振る舞いが人間らしくなるほど、ロボットが示す結果に従うようになる。それは先に述べた情報を送る側の意図によるものか、単純に人間の側の心理的バイアスなのか、果たしてどちらに相当するのだろうか。ロボットが普及するにしたがって、送り手が巧妙になってロボットが示す結果を受け手が検証する能力が退化していき、利用者がそのとおりに動いてしまう心理操作状態になるとも限らない。

3章　人工感情

3・1　人工感情の可視化

三〇年先の近未来では、ＡＩが人間の意思決定を必要としている時代になるだろう。しかしＡＩと人間の相互関係は複雑に入り組んで、どこまでがホンモノの意思決定で、どこから先が人工的な意思決定かの境界が曖昧になり、人間の考え方や行動をＡＩに合わせて変えなければならないという転倒した事態に陥ると考えられる。その矢面に立つ要素が感情コミュニケーションである。ＡＩやロボットとの自然な会話、巧妙な質問応答、そしてヒト型ロボットの巧妙なしぐさから、人間に対して親しみの感情の大きな起伏を起こさせる可能性がある。ここではそのような状況における準備として感情コミュニケーションにおけるバーチャル・リアリティ（ＶＲ）機器とその影響、それに関係する芸術と感動の創出の問題、そしてあまりにも人間に近づいたロボットに対する人間側の擬人化の問題などを取り上げる。

バーチャル・リアリティ

ヒトの感覚系は基本的に自然環境や社会環境において生存確率を高める必要性から進化してきたものである。感覚系の進化をたどれば最初に発生してきたのは物理的接触や振動を介した触覚と物質を介した嗅覚で、次いで魚類などでは聴覚が進化した。そして最後に視覚がもたらされたが、生物が地上に現れるまではあまり精密さは求められなかった。[1] 地上では生存のための弱肉強食は厳しく、捕食者や被食者を正確に識別することが生存確率を上げることにつながった。ヒトに至るとさらに社会的関係の役割が強くなり視覚情報が占める割合が非常に大きくなった。

現在、視覚的外部情報はテレビやディスプレイ機器などの人工的な装置がつくり出す加工された情報から得ることが多くなっている。その究極の入力機器が三次元映像を見ることができるバーチャル・リアリティ（ＶＲ：仮想現実）といわれる技術である。これは眼前にセットしたヘッド・マウント・ディスプレイ（ＨＭＤ）で両眼視差の奥行き感覚を操作して、その人が映像の中の仮想空間に存在しているかのように錯覚し感じさせる装置である。将来、装置をかぶらないで部屋全体に三次元の映像を映し出しＶＲ体験が可能になることも不可能ではない。

味覚においては、味の構成する分子群が明らかになっており、それを合成することによって実物の味が再現できる。実際の食品の中で使われており、これがバナナの味で、これがメロンの味だとして、われわれはその合成食品を現実のバナナやメロンの味と区別できないでいる。また嗅覚をもたらす物資も合成可能で、香りの商品や職場環境の中でリラックス感などを醸し出す香りとして利用されている。触覚もロボティックスの分野で、微妙な皮膚の感覚を機械的に再現する機器も開発されてきている。

これらの技術を総合すると、ここにコンピュータの力を借りてすべての感覚入力をさも自然界の適刺激のようにVR装置で人工的に再現することが可能になる。前にも述べたように自分の周囲が現実のものとして存在していることを認識するのは脳の感覚系と認知系によるものであるが、たとえ人工的な感覚刺激であっても適刺激として脳に入力させれば、あたかも実際に経験しているように錯覚させることができる。例えば映画館で3Dムービーを体験して感動したことがあるだろう。偏光メガネをかけて、映像が飛び出してくるように立体的に見えたり、座席を少し動かすことによって、自分が谷底に落ちる感覚に囚われたりしたことがあるだろう。これらはすべてVRの技術で一種の錯覚である。錯覚とは、脳内の情報処理の不完全さの結果といえるが、現実環境と人工環境との区別がつかない心理的バイアスを錯覚という言葉で代用している。

このVR技術が近未来でなぜ問題になるかといえば、このような実体験に近い疑似体験が感情発達や感情体験に及ぼす影響について考えなければならないからである。現在の映像技術ではカメラは固定方向からの二次元映像で視聴者が首を振っても上を向いてもテレビの画面は変わらないが、VR技術ではコンピュータで視線の方向や首の動き、身体の移動などの情報を瞬時に計算し、その動きに追従して映像を動かすことができる。音はもちろんのこと、その場の匂いも香りキットによって噴霧器から吹き付け再現することが可能である。体感は特殊なスーツを着けることによって、からだの負荷をコントロールし、触覚も圧力素子を使って再現できる。山登りの体験をしたければ、自分の部屋の中で山道を歩くときの足にかかる負荷が再現され、山に吹くさわやかな風の感覚も刺激装置で再現できるようになる。

このシステムはコンピュータゲームで最も威力を発揮する。一人ゲームでも複数が参加するゲームでもＨＭＤを装着し、画像の中で自分の好きな役を演じ、また参加者と共同で敵を倒すなどのゲームを可能にしてくれる。現在、自室にいながらでもディスプレイにあらゆる環境の画面を映し、その中でゲーマーが自由に動き振る舞うとその動きがすぐにディスプレイに反映され格闘技からアドベンチャーに至るまでのさまざまな体験ができ、会話はマイクを相互に介してできるというよりリアルに近いエンターテイメント・ゲームに実用化されている。

さらに技術開発が進むならば、仮想空間の中に実際ある自然や街中の風景を再現し、その中での疑似体験を可能にしてくれる。三六〇度全天球型カメラを用いれば観覧席からの三六〇度のシーンが家庭に居ながらにして体験することができる。首を動かせば空も後も見ることができる。移動は何台かのカメラを利用してＣＧ技術で自由な移動の映像も可能になっている。そうするとオリンピック観戦で決勝レースの瞬間をゴール目前で体験することも夢ではない。コンサートイベントでの参加の没入感、結婚式での感激などが自分の体の動きで三六〇度見渡せることは、その会場に行かなくても世界中の人がその雰囲気を体験でき、また思い出の記録としてこれ以上のことはないであろう。結婚式では新郎新婦は一方向しか見ることができないが、映像を再生することによって花嫁や花婿、両親や友達の表情の瞬間を三六〇度にわたって何度も見ることが可能となる。さらに高齢者が若かりし頃の旅の思い出を再び味わいたいと希望すれば、その再現は比較的簡単である。

自然のアドベンチャーもある領域が限られていれば、ＣＧで環境を変化させ、ルートも変化させ、実際の体験と同じことが経験できる時代もくるであろう。たとえばスイスのアイガーの北壁の登攀にチャレンジしたいと思えば、そのようなソフトを買って、ドローンで撮影されたアイガーの北壁の三六〇度の詳細な地形データを再構成することで、自由なルートを移動し、時にCGで嵐を起こし、雪崩も起こし、そのスリルを味わうことができるようになるかもしれない。現在のCG技術は映画を見てもわかるように現実の嵐や滝、雪崩の風景とCGで造られ加工されたそれらとの区別がつかなくなっている。そこでそこから滑落しようともバーチャルな世界のことで絶対安全な世界で遊んでいることになる。またニューヨークの散策に出かけようと思えば、ネットを介して『ニューヨークの体験』というソフトを購入すれば、家に居ながらにしてわれわれはさもニューヨークの街中を散策したように体験できる。ニューヨークの混雑や独特の臭い、そしてストリートを抜ける風の感覚をHMD、スピーカ、香り発生器、特殊スーツの体感からさも自分がニューヨークを実際散策しているように感じることができる。実際にそこへ旅行して得た体験とVRでの体験がほぼ同じであるならば、時間とお金のない人にとってVRで気分晴らしやストレス解消に体験してみたいと思うのは自然なことである。ここまで技術が進歩するならば、この分野の経済効果は大きく、スポーツ、観光旅行、冒険、探検、格闘技、ゲームなどその分野は格段に広がる。

そうなるとVRの疑似体験でわれわれが動物から受け継いできた正常な感情形成は可能なのであろうかという問題が起こる。たとえば仮想家族を想定し、仮想職場を想定し、仮想彼氏／彼女との仮想恋愛関係において、あらゆる距離感、会話、触り、匂いを通したVR体験で自分の思いどおりになる状況をつくり出して仮想恋愛することが本当の感情体験として記憶に残ることになるのだろうか。人間はその場の空気を読み、他者の表情の微妙な変化を読み取り、学習しながら社会関係を築いてきた。その状況が嫌いだ、あの人が嫌いだと思っていても人間関係を続けなければならないのが現実の社会である。ネットワークゲームのように複数の人間がそれぞれのキャラクターでそれぞれの役を演じる仮想的な関係で、気に入らなければ安易に電源を切ってしまうというＶＲ経験は、正常な感情形成と人格形成にどう影響するのだろうかという疑問が起こる。人間形成は実在の自然環境や社会環境の中で行われているという事実と、空想のＶＲの世界が区別できないとなれば、ＶＲ世界での体験が本当の人間形成になるのだろうか。人間の特性として偽りの記憶という現象がある。(2) 一部の文脈が強制的に修正を余儀なくされるとそれと整合性をとるために記憶全体が再構成されることで、経験していないことをさも自分が経験したように再記憶されることが起こる。それと同じことでＶＲからの情報が限りなく現実に近づいてきたとき感情対象の代替が起こり、現実と仮想の境界は曖昧になり、記憶の信頼性もあいまいになる可能性がある。

ＶＲはあくまで仮想世界でＨＭＤを外し、スーツを脱いだときには現実の世界に確実に戻らなければならないし、ＶＲ体験によって現実生活が変化するわけではない。そのギャップがどのように人格形成に影響するか、現在のコンピュータゲームの比ではないだろう。戦争体験や犯罪、性体験までがＶＲになっていくとしたら若者の成長にどう影響するかは大きいものがある。過激なＶＲ体験により脳への過負荷状態が続き、それによる注意力の散漫が起こり集中力の低下や意欲の低下も起こりうる。何の努力もせずに世界最高の感動を家に居ながらにして疑似体験できるとしたら、若者は苦労して勉強や努力をしないかもしれない。ＶＲ中毒の依存症や現実と仮想の区別の障害、トラウマ、それによる引きこもり、無気力や社会的不適応も大きな社会的問題となってくる。極端にはネットを介した仮想空間に精神が没入して仮想の世界がその人の実生活空間になり、実世界が仮の姿のシミュレーションの世界になり、本物の人間とのリアルな関係の構築の放棄という問題も起こしかねない。そんな環境で育った子供たちが葛藤と愛情に満ちた家族との会話についていけるのか、社会的健全性の発展への影響が心配される。特に五感の人工的な感覚刺激がリアルに近づいてくればくるほど、経験の境界と信憑性が曖昧になってくる。人間対自然、人間対人間、仕事と家庭、個人対個人、真実とウソ、主観と客観の区別がしにくい混乱した人格形成が起こってくるかもしれない。これらの問題は、テレビゲームなどの新しい技術や文化が起こるたびに指摘されてきたものではあるが、没入感はＶＲにおいて非常に強いものになる。

ＶＲ技術がすべて悪いわけではない。教育の世界では教え方や学び方が大きく変わっていくことが期待される。教材は多彩になり、理系科目の実験などは教科書からでは経験できないことがバーチャルで可能になる。たとえ失敗しても危害が及ぶことはなく、好奇心の赴くままに効果的な自己学習が可能になる。社会や歴史の学びにもＶＲ技術は拡大していくだろう。また介護や医療の分野では、臨場感ある感覚刺激は認知症などの脳活性化の治療に使われるだろうし、仮想空間での「人間」関係は自閉スペクトラム症患者のコミュニケーション治療に使われる可能性がある。

擬人化

ここで議論したいことはヒト型アンドロイドの進歩で限りなく人間の振る舞いに近づいたときの問題であ

る。このまま技術が進むならば、人工皮膚をもったアンドロイドの外観は人間と区別できないようになり、目の動き、声の抑揚、ジェスチャーなどの動きは人間と同じになっていく。遠くから見れば何らかの目印やタグがついていない限り識別困難になってくるだろう。アンドロイドは人間ではないとわかっているが、家庭や職場の中に入ってきて、人間以上の仕事とフレンドリーな知的会話が可能になると、そこにアンドロイドを人間と感じてしまう現象が現れてくる。あたかもアンドロイドが人格を持つ人間のように見え、独立な人格を持つ人間として扱ってしまうことが起こる。時にアンドロイドに悩みを打ち明け相談するようになるかもしれない。これはある種の心理的バイアスで、われわれは自然界のすべてのものを擬人化することができる。動物、家具、機械などに名前を付けるのもその名残であり、子供が動物の外観を持ったモノに親近感を感じるのもその例である。

何度もいうように、アンドロイドの心は自発的な自然に備わった感情のこもったものではなく、遠隔操作のAIがつくり出した人工的感情であり行動であることであり、アンドロイドは決して独立体として自己意識を持ち自律的に行動を決めているわけではない。ユーザーに合わせて、つまりは利用する個人に合わせた統計処理からもたらされる会話や動作仕様になっていることである。アンドロイドがモノで感情などがないとわかっていても、現実に、話しの内容や視線追視、首の動きなどのジェスチャーから、相手に心があるように錯覚してしまう。これも悲しい人間の進化の結果であり、この擬人化を避けることはできない。

感情ロボット・ペッパーを見ていると―プログラム次第なのだが―、目の動き、首の動きから、声の表現力から、中に感情をもっているホムンクルスが入っていて裏で操作しているような錯覚に陥る。わざと足がないような外観にしてあり、ヒトとまったく異なるにもかかわらずそのような錯覚が起こってしまう。どこまでがプログラミングで対応しているかわからない。ある人はペッパーに好みの服や帽子を着せペッパーを抱き寄せようとしたり、またある老人ホームでは「アイボー」という癒し系ロボットが壊れて使えなくなったとき、葬式のような「お別れ会」を開いたというようなことも起こる。

SF映画で『ｈｅｒ／世界でひとつの彼女』がある。[3] ＡＩが賢くなって感情を持つようになった状況が描かれている。男性の主人公がネットを介して、交流サイト会社のコンピュータの中につくられている彼女に「恋」をするストーリーである。チャットで人工の顔を見ながら会話をし、愛を育む想定である。ＡＩがつくり出した顔や声の感情表現は巧妙になり話し相手が人間であると錯覚して会話を愉しむことになる。コンピュータでつくり出された架空のＣＧの「彼女」の顔は自分が求める女性のイメージに合わせてＡＩがつくりだしたものである。現在、実物の人間と見間違うほどのＣＧの女子学生をスマートフォンやパソコンの画面上で動画として表示し、その相手と自由に会話できるアプリも開発されている。他人の写真を使って、そのような彼氏／彼女のＶＲイメージをつくってもらい、自分にあった話にＡＩが合わせてくれるようになったら、架空の彼氏／彼女を好きにならないとも限らない。[4] そして現実ではないと理解していても、実際に実物の彼氏／彼女と会ったとしたら、錯覚が起こり、人間関係が危険になる可能性がある。

創造性と感動

人間の最も人間的である行為は創造であり、発明や発見、芸術である。この創造性の能力のおかげで今日の文明社会を築いてきた。今、議論しようとしているＡＩの環境は、人間の脳の能力をはるかに超え、高度な運動能力、感覚認識能力、推論能力を備えたアンドロイドが闊歩している状況である。その状況で人間としての創造力、その一端としての芸術の創作はどのような状況におかれ、人間の感動に対してどう影響してくるか興味あるところである。

ＡＩは果たしてベートーヴェンの『交響曲五番「運命」』、モーツアルトの『夜想曲』『交響曲四一番「ジュピター」』、バッハの『ブランデンブルグ協奏曲』などと同様の音楽を作曲し人間に感動を与えてくれることができるだろうか。作曲家は恋、失恋、悲哀、惜別、歓喜、苦悩などの感情を音楽に表し、聞いているわれわれはその感情を共に味わうことができる。ＡＩが過去の音楽をすべて記憶し、規則や作曲技法を覚えたエキスパート能力を獲得するならば、深層学習技術によって一連の交響曲や協奏曲を作曲することも可能で、現実に交響曲『移行—深淵の中へ』はＡＩが作曲したといわれている。無作為で音楽コンクールにＡＩが作曲した曲を出品すると、その感性、表現力、技術で入賞するような作品が生まれてくる可能性が高い。

しかし人間の驕りかもしれないが、われわれが持つ確信は、ＡＩが創作したそれらの作品が人間の感動を呼び起こすものではないだろうということである。確かにＡＩが作曲し、ＡＩを用いた技術によって、その音楽が演奏される時代が来るかもしれないが、ある種の感動を音楽として表現したいというモチベーションは人間の側にあるはずである。芸術の出発点は人間が感じた感動、美、恐れ、不安などを周りの道具を用い、身体の動きで表したいという感じから出てきたはずである。その芸術のテーマをＡＩが自ら見つけるとしたら、それはＡＩが自己意識を持つことになるので、当分はそうはならないだろう。むしろプロデューサが時代に適応したテーマとシナリオを与えることによってAIはただの技術としてデータや規則に基づいて学習し作曲することになる。ポピュラー音楽では流行している既存のすべてのヒットソングの傾向を分析し、それに基づいてAIが作曲し、さらにそれを聴衆にフィードバックしてリサーチし、可能性のあるポピュラー音楽をヒットソングとして世に出す試みがすでに行われている。作曲家というよりは、プロデューサがその時代、人間が何を求めているかを鋭い感性で見つけ、人間の感情を揺さぶる曲が、AIが作曲した曲の中にあるかどうかを判断しなければならない。それによって人工的な楽曲は一般の人間に広まっていくことになる。(5)

厄介なことに、感動という感性もまたデータ化され、人間の感動とはどういうものかをAIが判断することになるかもしれないということである。脳科学が示すところによれば、fMRIを使って脳の活性領域を調べれば、人間はどういうときに感動しているかがわかる。前評価や前リサーチとして一部の被験者に対して人工的な音楽を聞かせ、感動と関わる脳領域の活動を同時に計測して、感動領域が活性化する交響曲を世に出せばいいことになる。それに基づいて感動を引き起こす作曲法とはどんなものかをAI自身が計算と過去のデータを統計処理することにより「学習する」ことができる。それで人工的かつ操作的な感動を強く引き起こす音楽が世の中にできて、聴衆が満足するとしたら、聴衆の音楽鑑賞する鑑識眼の能力が低下したのか、作曲家の質の低下を嘆くべきなのか、それとも学習能力がAIで勝っているのか、厄介である。ベートーヴェンの『運命』の苦悩や歓喜、モーツアルトの『レクイエム』の人間の死に対する悲しさや祈りを込めた曲で、人間の感動力はこんなにもすばらしいと訴えても、その時代、経済性に乏しいと考えられるかもしれない。

伝統工芸の中には過去何百年間の職人の血の滲むような改善や改良、創作の努力の跡が刻まれていている。時には気温や湿度の微妙な変化を感じてモノの作製の温度や原料の混ざり具合、混ぜるタイミングなどのさじ加減を行い、すばらしい製品が作られているが、その職人芸が高齢化や産業構造の変化で失われてきている。そこで職人が長年培ってきた職人芸を数値化し、コンピュータに取り入れて後世に残していこうとする。あらゆる経験知を数値化し、その最適値をAIで学習させることがこれまでのエキスパートシステムと異なるところである。人間の経験という基本データと理論があって、その上にAIを使った学習があれば、3Dマシンを使って職人芸の作品を作るのもあながち夢ではない。

絵画もAIが忍び寄ってくるのは避けることができない。レンブラントの過去の絵画のすべてを取り込んでAIがレンブラントに成り代わって自画像を立体的な3Dプリンターを用いて描いた例が発表されている。明らかに贋作ではあるが、経緯を知らない人が見たら本物と見誤ることは確かである。特に若者の創作力は時代の技術とともにありAIを利用した創作にバリアはない。むしろ積極的に創作とAIを結びつけ、その相乗効果とAIの学習により、より高度な機能を獲得して絵画を描いていくかもしれない。

人間の動きの芸術である集団演技では何が起こるだろうか。集団演技では、動きの一致や技術の難易度が採点の重要な要素になる。ヒト型ロボットによる集団演技では、パワーを増せば、難易度はプログラム次第、動きの一致度は正確そのもので優勝間違いなしである。人間の集団演技を見るとき、その背景にある血の滲むような練習の影を見るから感動するのである。数百台のドローンによるＬＥＤ光の円舞ショーは新たなエンターテイメントとして単純に感動を与えてくれるかもしれないが、数百台のロボットのマスゲームには感動よりも不気味さを感じるのではないだろうか。

小説も安閑としてはいられない。新聞記事の自動作成はＡＩが行っているし、作文の自動採点システムのソフトも稼働している。[(6)] 小説では、ストーリーや場面、登場人物を人間が設定してやらなければならないが、文章を書かせるＡＩを用いて短い小説を書かせると、それがある賞の入選作品になった。繰り返しになるが、ＡＩは芸術を創作しても、感動しているわけでもなく、感情がほとばしっているわけでもなく、プロデューサのシナリオと過去のデータから機械的につくり出しているものであるというのがこの時代の芸術である。

人間独自の創造性において、ニュートンの万有引力の発見、アインシュタインの特殊相対性理論の発見などは天才によってなされた仕事で、ＡＩにはできないのではないかとの意見も当然でてくる。しかしこの見方もＡＩの技術進歩から見ればかなり怪しくなる。現在、自ら実験をして物理法則を発見するアルゴリズムが開発されている。もしそうなったら研究者はチーフディレクターとして研究の目的を与え、その結果を判断するだけになるかもしれない。すべての研究が近未来にそうなるとは限らないが、もしそのようなソフトウエアが出回るとしたら、研究者はデータをそれに入れて、新しい法則を見つけたいという誘惑に駆られるかもしれない。

このように創造性を主題とするさまざまな部門において、人間にしかできないという先入観はＡＩの前にもろくも崩れさろうとしている。たとえば将来、芸術は作曲家や演奏家、小説家という人々の血の滲み出るような営為から産まれるものではなく、感性ある技術者やプロデューサから産まれるものに代わっていく可能性がある。しかし感動の中には、その製作過程の中の人間の歓喜や苦悩などを感じ取ることができること、そこまでに達する努力と時間の長さの背景を想像することによって感動の強さが異なるというのが人間である。その場かぎりの感動は得られても人間を未来にわたって奮い立たせ、動かす力を与えてくれるものになるかはわからない。

3・2　隠れた人工感情

三〇年先、ＡＩ技術が進歩した世界にあって、われわれはＡＩを繰り込んだ装置や機械をどのように使用しているだろうか。すぐに思い浮かぶのは自動運転自動車であり、家事ロボットやサービスロボットであり、高機能のスマートフォンなどである。スマートフォンなどの端末はウエアラブル、すなわち腕時計やメガネのように身に着けて利用でき、キーボードやマウス入力に代わって音声や眼球運動から入力できる情報端末として非常に便利になっていることだろう。ロボットも人間の機能を代替する装置として生産現場やサービス部門での利用も進んでいるだろう。入出力の部分だけが可視化され、それら利便性の陰に数多くのＡＩ装置が組み込まれたＡＩシステムと人間の行動の関係がこの節の主題である。

意思決定

ここで議論したいのは、人間の意思決定や行動決定、選択にどうＡＩが反映され、入り込んでくるかである。ＡＩの技術は検索機能に生かされ、われわれはもはやネットワークにおける検索機能なしでは日常の生活が難しくなってきている。さて、検索の結果がどのような手順で表示されるかはあなたは知らないであろう。実は特許に守られてその詳細は公開もされてもいない。その表示結果の一番上の答えにわれわれは無意識の内に強く影響されてしまう。ＡＩが判断する結果は人間の意思決定や選択の中に容赦なく無意識の内に入ってきて、悪く言えば操作されているとも言える。また経済活動の世界では、投資決定や経営判断の際に人間の判断に代わって、ＡＩの出力を参考にする場面が多くなってきている。このように企業戦略が、ＡＩが示しているものから成り立っていることになるかもしれない。

現在普及しているスマートフォンやロボットはＡＩ技術のすべてを単独の端末装置の中で処理していることはない。そのようなことをしようとしたら、このスマートフォンやロボットは巨大なコンピュータを乗せた長い機関車を引きずってきても足りないものになってしまう。第1章で議論したように、情報処理の大部分はネットを介したクラウド型の中央コンピュータで集中管理されている。利用者の質問や会話はネットを介して中央のコンピュータで言語処理を行い、質問の意味や内容を分析し、その答えをデータベースから検索し、統計処理して、出力をまたネットワークを介してスマートフォンやロボットの文字や音声として返している。スマートフォンやロボットはネットワークがダウンしてしまうと単純な使い方しかできなくなり、単なるモノに近くなってしまうことは明らかである。

このようなシステムが繰り込んであるスマートフォンやロボットが現在のものであり、将来にわたって持続的に使われる確率は高い。とするならば、人間の意思決定や行動決定、選択が、本当は誰がしているのかという問題に突き当たる。通常、人間は外部情報と自分の記憶を照合して意思決定をしているが、その外部情報の取捨選択権が人間の側にあるために自分の自由意志で決定していると考える。もちろん人間は関連するすべての外部情報が利用できるわけではなく、可能な限りの情報と経験なり知識で行動決定をすることになる。その外部情報の利用が利便性や信頼性という点で利用範囲が限られるとしたら、その意思決定も制約されていることになる。すると本当に意思決定を利用者が行っているのか、実はＡＩが答えを出す強い影響力のもと人間の行動が決められているのではないかとの疑いが残る。

人と人の関係の中での選択は説得というプロセスを経て行われる。説得は、説得する側と説得される側の特性を分けて考えるのが重要で、これらについては第2章で議論した。これらを駆使して結果が提示されると、ほとんどの人はその与えられた選択を拒むことができなくなる。ネット社会での情報伝搬や感情伝搬はこの特性によることが大きい。その時、自分の選択は本当に自分の自由意志で行われているかは疑わしいことになる。

スマートフォンを使った場面を想定してみよう。「近くのうまいラーメンの店はどこか」とスマートフォンに音声で尋ねると携帯アプリは端末の位置情報から近くの店のいくつかを順序を付けて紹介してくれる。スマートフォンが実際その店に行って試食したわけではないのに、どうしてそれを答えることができるのだろうか。それには複数の判定条件が考慮されているが、店の信頼性、HPの更新回数、店へのアクセス回数などのデータから統計処理を行い順位づけ計算をしているからである。その一位の店が文字や音声で答えられてくるわけで、おそらく同じ場所で百人が同じ質問をしたら、百人に対する答えも同じである可能性が高い。それが現在の技術レベルであり、利用者はあくまでそれを参考にして店を決めているというが、どれだけの人が「自ら決定した」という自信があるだろうか。他人の評価や店の評価というのは先に述べた受け手の「社会的証明」という性質に強く依存している。百人中、その半分の人であってもその店に行けば、宣伝という名目での検索会社の利益は格段に増えることになる。おそらく利用者の数を数値として表すならば、個人の意思決定はその中に隠されてしまうだろう。

さらにAIが出してくる答えに対して、信頼というバイアスがかかり、利便性から、あなたはスマートフォンやロボットが自分の専属─実は何百万人もの人が自分専属であると思っているが─、と思ってしまうかもしれない。

幸いにも今のところ、AIは意思を持っていない。しかしこのまま技術が進めば、感情や個性もすべて数値化されて統計処理され、それを素早く、そして最も「それらしい」答を出してくるとなれば、人間はそこに完全依存して、「私」のAIは優しくて賢くて絶対間違わないと信じてしまうことになる。これが拡大して百万人がデマにさらされ感情伝播を愉しむとしたら国民感情は誤った方向に走る可能性がある。ビジネスモデルとしては、これは完成で経済的利益は無限になる。中央のプログラムに経済的利益を最大化するという関数が組み込まれているとしたら、利用者の集団行動はそのとおりになってしまう。特に知識や経験の少ない若者にとっては、広義のＡＩマシンは統計による確率マシンで、決して唯一の確定的な答えではないことを知らずに、ＡＩはつねに正しいと信じてしまうところにその影響の計り知れなさがある。

この意思決定の仕組みが人事採用や人事査定に使われるとしたら、あなたの人生の先は暗澹たるものになる。端末や秘書代わりのロボットに本音を話したり、妄想で検索したり、興味本位で検索したことがビッグデータとして集積されてあなたの人事評価のデータに反映されるとしたならば、要注意人物としてマークされることになるかもしれない。

現在、人事担当者は最初のスクリーニングは書類審査や試験などで行っているが、責任感の強い人事担当者には、ＡＩの技術を使ってスクリーニングを行いたい、検索でその人の名前を入れて調べてみたいという誘惑はつねにある。この人は自分の会社には適切ではない、能力の低い人と、このデータベースを用いてＡＩが確率に従って自動的に判断したものを、人事担当者が信用したとしたら、その人の個人の尊厳はどうなるのだろうか。人間はつねに努力して成長し変化する存在で、個人のデータは過去の履歴であって、現在とは異なっている。これまでの個人の努力のプロセスは考慮されないことになる。これを逆手に取って、大きな会社に将来就職したい人はネットを使わず買い物をし、検索は社会的に確立したものだけにし、ＳＮＳも意識してよく見せるように話題を選んで会話するようになったとしたら、ＡＩの判断は正しいものになるのだろうか。個人を良く見せるために家族や友人を利用して自分に都合の良いデータを計画的に大量に書き込む一種のデータの改竄が行われたらデータの信頼性はどうなるのだろうか。さらに進み、社会的不満や異議申し立てをしようとする人が偏向した思想を持っていると予測されないために検索履歴を残さないようにしたら、社会は萎縮し基本的人権は形骸化してしまう。法律はビッグデータの匿名化、個人情報の保護を厳格に求めているが、別々のビッグデータを組み合わせることで個人の特定が可能になるし、情報漏洩の問題も高い確率で存在する。ビッグデータはビジネスチャンスの宝の山であるために、将来、何に使われるかわからなくてもメタデータも含めてすべての情報を集めて記録している。もしそれらのデータから個人が特定され、先に述べた人事評価だけでなく、個人の性格や行動傾向から予想される将来の行為の危険性を予測できるとなると、テロや犯罪、性犯罪を未然に防ぐという理由で、行ってもいない理由で責任をとらされる危険性が出てくる。企業のビジネス活動にとって個人のビッグデータは魅力的であるが、それらのメタデータの項目や判断するアルゴリズムは企業秘密として見えないブラックボックス化しているところに危険性があり、いったん評価されてしまうと、独り歩きをして、その異議申し立ても個人のファイルに蓄積され、マイナスに作用する無限ループに陥る可能性がある。ビッグデータやクラウド技術の裏ではそのようなことも可能であるといわれている。

むしろそれよりも怖いのは、ユーザーの慣れであり感受性の低下である。GPSやSNS、画像などはプライバシーの最たるものであるが、利便性の陰に隠れてそれがさも当然で普通のこととなって、その取り扱いの危険性に対して鈍感になってきている。感情認識という技術はさらに正確さを増し、それらのビッグデータと心の内面の予測が高い確率で結びつくと、社会の信頼関係からなる国民意識の動向はより危険なものになっていく可能性がある。

情操教育

教育の分野では、人間らしい優しくて慈しむ感情を育む教育を情操教育という言葉で表現している。情操教育には単なる感情教育だけではなく、しつけや言葉遣い、思いやりの態度などの学習を含み、子供たちが人間らしく成長してほしいという教育の広い理念が含まれている。したがってこの背景には子供を教える教師は人徳者であることが期待されている。教師が万引きをした、ワイロをもらった、暴力を振るったなどといった事件は、子供の手本の観点から見て社会は厳しく弾劾する。そこには子供たちが健やかで健全な精神で育ってほしいと思う社会の気持ちが反映されている。

機械学習である深層学習の本質はヒトの脳のモデル化だとすると、人間が学習で賢くなるように、ＡＩに学習機能がなければ、このＡＩは賢くならず使い物にならない。ＡＩが人間と対等に立ち向かうためには学習の他に出力（成果）が目的に合っているかどうか判断するためのプロセスが絶対必要になる。すなわちＡＩには、人が何も知らない子供を家庭や学校を通して教育し育てていくように、教育が必要になる。

感情は多種多様で、本能的な部分と学習で獲得した部分に分けられる。高い場所が怖い、狭い場所が怖いなどといった感情は誰でもが持つ本能的な部分であるが、後天的な博愛や恥、罪の知的感情は学習から形成されるもので、個人によって違ってくる。問題はＡＩの感情形成の教育を誰がするかということである。つまりＡＩの出力の評価関数を誰が決めるかである。巨大企業を中心としたＡＩやロボット開発において、賢いＡＩを作るために、高度なパターン認識、自然言語処理、推論などの機能を繰り込まなければならず、どこかの段階で必ずＡＩは学習、教育されなければならない。いったん学習されてしまえば後はコピーで大量生産される。ＡＩ自身が入力を参考にして学習する、教師なしの自己学習の方法も考えられるが、それは処理の前段階であって、社会適応的な答えを得るためには、誰かがその結果を判断しなければならない。その教育をユーザーに委ねるのか、特定の企業に委ねるのか、政府に委ねるのか、ＡＩの相互学習に委ねるかによってＡＩの「パーソナリティ」は大きく異なってくる。

さて、ＡＩは誰によって情操教育をされるかを考えたとき、ロボットを売り出す特定の企業が、いたわりの心を持ち、優しい気持ちを持つ人間らしいと称されるロボットを作り、それを看板にして売り出すことも考えられる。Ａ社は完全なコンシェルジュや家政婦を得意とし、Ｂ社はやさしい秘書を得意とし、Ｃ社は逞しいボディガードを得意とし、それぞれに合わせた性格づけをするかもしれない。まるでユーザーの好みに合わせた自動車販売の様相と同じである。その中では法律的に最低基準としてアシモフのロボット四原則(7)のようなアルゴリズムが組み込まれ、企業の社会的責任として、ネグレクト、無言、反抗、暴言、いじめ、暴力、ＤＶを起こさないようにプログラムされている可能性がある。そのとき、企業独自の「道徳」を設定して安全と利便性を追加してロボット製品の魅力を叫ぶのだろうか。そのロボットが学習機能を持つとしたら、学習という本質から、購入後のユーザーの教育によって、そのいたわりや優しさ、従順さが否定されるとしたら、企業のロボットの設計アルゴリズムはユーザーの教育を禁止するように設定するのだろうか。とするならばそのロボットは学習しない頭の悪いロボットになり、魅力のないことになる。

ロボットが家庭に入り、子守りロボット、家庭教師ロボットに利用されるようになったとき、情操教育されたロボットは子供の成長発達にどのような影響を及ぼすのだろうかという問題も起こる。完全な善人として育てるのか、あるいは多少の困難にもめげない強い子供に育てるのか、難しい選択が迫られる。子供が無邪気にいたずらをしたとき、どう反応すればよいのか、その子が危険な行動に出たときどう対処すればよいのか、単に機械を止めてしまうことだけでは本当の情操教育にはならない。

情操教育には、集団での多くの人との相互関係の中で学ぶ感情という面もある。家族という集団、教室という集団、地域という集団の中でしか学べない、いたわりや優しさなどの感情があり、それらは子供の感情形成に重要である。家族や友達と一緒に遊ぶ、兄弟喧嘩、家族団欒、そして孤独、寂しさなどの経験からその人独自の感情がつくられる。帰属意識や共生、信念までもが集団の中での試行錯誤から学習し形成されるのであって、工場で造られるものでは決してない。ロボットに、真、善、美、自由、平等、博愛などの普遍的な価値観を持ってほしいと考えるが、それらの集団的情操教育をいつ、どこで、誰が、どのようなアルゴリズムを用いてロボットに組み込むのか、それともユーザーの教育に任せてしまうのか、大きな問題になる。ＡＩの倫理学は今始まったばかりである。

最近、ある情報巨大企業が善意として人間の話し相手となる目的で学習機能をもつＡＩのアプリを公表した。その途端、一日も経たないうちに、ネットワークを介した「教育者」によって大量の疑似情報で洗脳され、放送禁止用語、公共の場で触れてはいけない言葉やヘイトスピーチを乱発するようになってしまったという事件が起こった。それでそのＡＩサービスは強制的に止められたが、再度修正して再開したときには一〇分間で再び悪意ある「教育者」で汚染され再度止められた。それでは、それをＡＩに対して一律に禁止するのか。爆弾の作り方、殺人の仕方、自殺の仕方の質問などには、この善良な感情ロボットは「わかりません」と答えるのだろうか。またあるアメリカの大手SNS企業で、ニュースのキュレーションプログラムに保守系ニュースの抑制アルゴリズムを社員が組み込んだのではないかとの疑いがもたれた。これはまさしく情報の取捨選択における情報の質の評価や、さらには情報の改竄、偽造、装置の乗っ取り、なりすましなどの情報操作が社会に大きな影響があることを示している。それでなくても人間の善意の行動として、学習教材を入力するとき、バイアスのかかったデータの無意識のセレクトも考えられる。以前、グーグルのAIが一千万枚のネット上の画像データを入力してネコの概念を獲得したという例を紹介したが、問題は提示した画像データからネコの画像は何割だったのか知りたいところである。他のイヌやライオンの概念を示すユニットはなかったのだろうか。企業に対して情操教育アルゴリズムの内容の高い透明性と公開性が求められる。

ロボットが感情を持つということは感情の多様性を持ちながら人間と対応することを意味する。人間の性格は、外向性、内向性、楽観性、悲観性、神経質などの類型に分かれることが知られており、顔が違うように人によってそれぞれ異なる性格を持つ。だから人間とは奥深く面白い存在なのだが、ロボットの「性格」が誰によって決められるのかによって、そのロボットの個性が異なってくる。それを統計学的に、また中央制御コンピュータで集中管理するとしたら、その装置は百万人の相手に対して混乱を起こさないのだろうか。ある人には好きだ、別の人には嫌いだなどと、同時に対応しなければならないとしたら、一人の人間ではとても不可能である。人間の性格は自分だけに帰属するもので表面的に一貫性があり、相手によって変わらない安定したものであるが、家庭の中での感情ロボットは、父親への対応と母親への対応、子供への対応と、個人の統計データで変化するとなると、相手の悪口、愚痴を聞いたロボットは家族団欒の中に入って会話をしたとき混乱を起こさないか心配するところである。

情操教育という操作の中で、ある特定の感情だけを出力させない、または重みづけを低くするという可能性も考えられる。怒りや憎しみという言葉には反応しない、異常な愛という命令には反応しない、恐怖には反応しないというような禁止条項を入れて目的に合った都合の良い感情出力だけにすることも可能であるが、使用者や企業にとって都合の良い感情だけを出力し、不都合な感情が出ないように設定するとしたら、ＡＩやロボットの「人間らしさ」は本物ではなく中途半端な「人間らしさ」となり、それだけで社会をつくれるかどうかわからない。罰は社会の絆に反する行動を罰するし、賞や報酬は絆を強化する。これによって集団は安定し大きくなれた。[8] それらが企業秘密として隠れて操作されるとしたら、人間の多様な感情表現は制限されることになってしまう。

しかし世の中は善意の利用者だけではない。悪意を持った利用者もおり、一方で情操教育するということは、逆にやくざなロボットも世の中に出てくることを意味している。さらに悪意のある集団がそのロボットを改造して、強盗やテロを起こそうとロボットを教育したとしたら、世界は暗いものになる。まさにＳＦの世界で警察がロボットを「逮捕」しなければならないことになる。果たしてそのようなユーザーの利用を法律で止めるのか、中央制御で監視するのか、新たな社会のありようが求められている。

一体ＡＩにどの場合に学習し学習させないかを誰が決めるのか、どこまでの学習を許すのか、ロボットが学習機能を持つということはこのような問題を持つことを意味する。企業にとっても利用者にとっても感情導入に際してジレンマに陥るところである。ありえないことかもしれないが、十万台のロボットに全国一斉に右に向いて話をすることが正しい対応だと入力されたら、多数意見に従ってロボットの感情アルゴリズムはそのように修正されるのだろうか。事件でロボットが関与しているとしたら、「教育者」の全教育履歴の提出が義務づけられるかもしれない。

マインド・リーディング

人間関係は信頼が基本にあり、この信頼機能にはもう一つ考えなければならない問題がある。それは相手の心を読むというマインド・リーディング（読心）の機能である[(9)-(11)]。この中には相手の考えや意図を読む心の理論と相手の感情を知るという共感の機能が知られており、共感は一般に自分よりも他人の置かれた状況に適した感情反応のことをいっている[(12)]。相手の心や意図を知ることによって、われわれは他者と間の信頼関係やコミュニケーションが成立し、安心して生活を送ることができる。心の理論では、相手の視線検知や共同注意機能、意図検知の能力が必要とされ、ヒトでは生後一年あたりから発達し、三歳ごろまでに完成する。その能力を使って人間は見知らぬ相手でも、彼らの誠意や愛情、ポジティブな感情やネガティブな感情を読み取ることができる。

ここで議論しなければならないのは、ロボットが一般化し、社会生活に溶け込んできたとき、どのように精密に人間に似せようとも人間がロボットとの会話を通してロボットの「心」、ひいてはＡＩの「心」を読むことができるかという問題である。次世代ロボットの表情表出技術は限りなくヒトに近づき、少し離れたところからでは、外見は人と区別がつかなくなっているかもしれない。そして高次のスペックのロボットでは人のように悲しいときに涙を出すように涙を出すオプションがついているかもしれない。これで限りなく擬人化が達成されたことになるが、そのとき人間は痛みを感じないロボットの「心」を読むことができるかということである。

人間は相手の心の内を会話の言葉や文脈から、そして重要なことは無意識に起こる相手の些細な変化、眼の動き、表情の変化、体の動きから予測することができる。またそれだけではなく相手の立場に立って見ることのできる視点取得や役割取得の能力、すなわち自分と他人の交換の能力も持ち合わせている。相手が自分と同じ人間であり、人間という特性から突飛な考えはしないと経験から知っているから、今相手が何を考え感じているかを高い確率で予測することができる。父親を話題にするとき、辞書的な意味での父親の知識だけでは会話は成り立たず、経験からくる父親のイメージを双方が推測することによって会話は成り立っている。

相手が人間でなくても擬人化されたアニメや漫画のキャラクター、人形に対しても感情移入でき、心の動きを予測することができる。またアニマルセラピーなどで本来動物の心が読めないにもかかわらず、動物の気持ちがわかった気になる。さらに人間が操作している機械、特に自動車を運転していてすれ違うとき、相手の車も車線を保つと高い確度で予想できる。そこに人間同士の共通に見えない合理的なルールがあり、それによってわれわれは安全にドライブを愉しむことができる。

この問題は自動運転自動車が実用化される過程で人間が運転する自動車との共存にも通じる。自動運転の対向車がやってきたとき、それを明確に示すランプや外観が示されていることを望むが、運転しているのはＡＩである。交差点や車の割り込みでの阿吽の譲り合いの心は反映できるであろうか。もしかしたら、コンピュータバグやネットのトラブル、ネットの乗っ取りで自動運転車が暴走し自分に向かってくるかもしれないと考えたとき、いくら多重の安全措置がとられていったとしても自動運転車への不安感はどうしようもない。

このように人間が教育したＡＩを搭載したロボットが普及し、街中に出てきたとき、善意のロボットだけでなく、悪意をプログラムされたロボットもまたわれわれの周りに存在することになる。果たしてわれわれはそのような意図を持ったように見えるロボットを区別することができるだろうか。また逆にロボットが人間の心を読むことができるかという問題もある。人間との共生を考えた場合には、ロボットが人間の心を読め、相手が何を求めているかの行動を予測できる心の理論の能力を持っていた方が関係はスムーズに成立する。コンピュータ技術の進歩により、人間が行っているような、動いている対象からセンサーを駆使して表情、表情の動的変化、視線、目の動き、瞬き、ジェスチャー、声の調子、脳波、心拍、呼吸、顔の温度変化の各種情報を収集して相手の心の状態を計算することは見かけ上以外と簡単かもしれない。人間は嘘をつくときや罪を感じるとき無意識の表情や動きを示す。それを読み取ることでロボットに人間の心を読むという人工共感[13]が出てくると、ロボットの出力が共感しているという振りをするかどうかはわからないが、人間の方でロボットとの心の交流ができたと感じるようになるかもしれない。逆の意味ではこれらの能力を利用し、自動的に相手の姿勢、くせ、表情、動きなどの物まねをすれば（カメレオン効果）、一種の疑似共鳴が相手に起こり、社会的接着剤として親しみが増すかもしれない。さらにＡＩ技術が進歩すると、それを搭載したロボットが人間を騙すということもありえる。こうなると人間とロボットの騙し合いの世界となり、信頼関係は構築できない恐れが生じる。

ともかく人間社会は知性脳のおかげで、道徳をつくり、法律をつくり、それに加え、共感という機能の働きを基にして安心で安定した社会をつくってきた。それが将来、自律性を獲得したＡＩに対して通用するのかどうか、新たな問題が出てくるといわざるをえない。

3・3　人工感情と社会

前章における現在のＡＩ技術やＩＴ技術を見る限り、技術の自己運動としてその限界を想像することはできない。楽観論者は、この技術進歩の先に国家の盛衰を心配しているらしい。世界のＡＩ技術がこのまま進歩すれば、日本はアメリカやＥＵ、中国との競争に負けるかもしれないという恐怖観念に囚われ、ＡＩは未来に対して明るい夢と希望をもたらしてくれることを強調する。政府もこの事実を認め、国策として国家の繁栄と国民の幸福のためだとして巨額の先行投資を始めた。悲観論者に耳を傾ければ、ＡＩの未来は人類の存亡を招く可能性があると強調するが、技術というものはつねに功罪を秘めており、ネガティブな部分を拡大するならば、これらの恐怖感は当を得ているといわざるをえない。

自動運転自動車を例にとれば、目的地を入力するだけで、単調な運転の代わりをしてくれる。車の中で、仕事もでき、寝ていても自動的に目的地に安全に連れて行ってくれる。まさに移動というのが安全で労力なくできる夢のような未来で、単調な労働から解放してくれる未来である。また衣食住を見れば、衣類は機能的ウエアラブル端末と組み合わせ、バイタルサインをモニターし、健康管理に貢献しているかもしれない。ウォッチ型携帯端末はその始まりで、心電図や血圧、さらには血糖値などもモニターして警告を発してくれれば、生活習慣病対策に効果を出してくれるだろう。住居はＩｏＴ（Internet of Things）で結ばれ、買い物の自動化、光熱使用の効率化、太陽光発電の管理、セキュリティの管理、家電の管理などがインターネットで結ばれ、集中管理される時代が来ようとしている。[14] 掃除は今でもＡＩを使った掃除ロボットが存在しており、人間は余暇時間を快適に家で過ごすことができる。家の中でのＡＶ機器は、液晶テレビの時代を越えて、ＶＲや映像を立体投影できるホログラムの端末で、会話型映像機器のコントロールで、映像の臨場感は格段に良くなっていることだろう。

このような明るい未来と豊かな生活が実現する社会が来るとしたら、どの企業も現在のビジネスモデルでは生き残れず、企業の存続をかけて、このＡＩ分野になだれ込んでいく必要がある。いまだＡＩの限界が見えない中、ＡＩ技術は確実に、かつ急速に進歩し、このまま進歩すれば専用ＡＩの利用は増えていく。専用ＡＩとは、使用目的が限定されているＡＩで、顔識別ＡＩ、自動運転自動車ＡＩ、倉庫整理ＡＩ、掃除ロボットＡＩなどの個別の目的のために開発されたもので、現在コンピュータで制御されている大部分はこれら専用ＡＩで置き換わっていくことだろう。それによって生活の利便性と効率性、快適性、生産の効率などが格段に図られることは確かである。これら未来はバラ色の未来となる。

しかしこれら未来論において不都合なことは語られることはない。ＡＩが進歩する十年後の世界では多くの職業がロボットやＡＩにとって代わるだろうと予測されている。本来、人間の仕事を手助ける道具として進歩してきたものがその職を奪う存在になり、現在の仕事の雇用の半分が失われると予測されている。ＡＩの進歩が雇用を創出しないという生産性と雇用のミスマッチが四〇〇年前の産業革命と異なるところだとも指摘されている。[15] ＡＩの進歩により世界では職業の概念が変わり新たな別の職業が出てくることが期待されるが、ロボットに代わって人間の仕事がどこにどれだけの残っているのか、それは一部の知的な仕事であり、タイムラグ（時間遅れ）がある。大多数の労働者はロボットに仕事を奪われて失業に追いやられる可能性がある。自動運転車が実用化される時代には、タクシー運転手、バス運転手、トラック運転手、リフト、建設機械の運転手などの多くが職を失う。ＡＩを利用した感情ロボットは受付や、秘書、コールセンターのオペレータの職に代替してしまうであろう。さらにＡＩの知能が高くなれば頭脳労働として認められている人びとも職を失っていく。その他、オックスフォード大学の予想に従えば、多くの人が職を失い、再就職しようにも単純労働の多くはその時代にはロボットと置き換わって、それと代わるためにはさらなる低賃金に追いやられるかもしれない。

バラ色の未来は、それを開発し利用できる人がいることが前提になっている。たとえ端末機器が簡単に使えるといってもそれらは無償ではなくて買わなければならないし、利用料金を払わなければならない。経済格差の問題も現れ、国民の大部分が、仕事がなくて貧困に陥れば、ＡＩ技術がいくら高くても社会は成り立たなくなる。

感情格差

未来においてＩＴ技術の進歩によって人間とモノのコネクティビティは格段に密接になっていることは楽観論から見ても悲観論から見ても妥当なところである。そしてＡＩは生活のあらゆるところに入り込み、隠れた存在として家庭の機器、監視機器、社会インフラとしての電気、ガス、水道のようなライフラインの制御に浸透している。ＩＴを介して人と人のコミュニケーションはより密接になり、同時通訳機能と相まって世界との交流やビジネスはこれまで以上に進み、国と国との境界の壁が低くなっていっていると予想される。そのようなＩＴのコネクティビティの拡大によるコミュニケーションの密接化や迅速化が社会性、特に感情の多様性と質にどのように影響するかがこの項の主題である。

歴史が示すところによれば、これまでどのような支配体制になろうとも、民主主義体制も含めて完全な平等社会は地球上で実現していない。富の集中化は解消されず、わずかの上位の人間だけが富の大部分を有し、中位の何％はその時代の波に乗り、大半が貧困にあえいでいる。それと似たようなことがデジタルカーストを導く[16]。上位の人はこのような世界には影響されずＡＩを支配する特権階級であり、中位の人々は技術の進歩を積極的に利用できる教育を受けた人からなり、下位は単にＡＩ機器を利用するだけで、ＡＩとは関係ない職業に就いている人々である。

このように人々を区分したとき、感情産業やロボット産業がマーケット対象とするのは大部分が下位の人々である。現在の社会的格差をこのまま拡張すると、第一に考えられるのは貧富の格差からくる社会的分断と不安定化であり、ここで論じたい感情格差の問題である。

感情格差とは、人間の幸福や自己実現の過程で持ちうる感情や感情表出に質的、かつ量的な違いが出てくることである。つまりは富めるものと貧しいものが見る夢と希望、そして幸福に格差があり、実生活の中で体験しうる感情と表現しうる感情の質的量的格差のことである。レジャー施設に行く、海外旅行をする、演奏会に行くといったポジティブな感情を体験するためにはお金を必要とする。周りを見てみれば一部の国民の幸せな人生は社会的に制限され、それに伴う、持ち家、結婚、子育て、安心、安定、将来などへの希望は非常に不安定になっている。その人びとの感情は、このような意味で限定されているといわなければならない。

ストレス理論はそれに対する対処行動が必要であることを示している。都市生活の大半が鬱積した感情生活を強いられるとしたら、国家や上位の人間はどのような対策をとるのだろうか。バーチャル・リアリティ（VR）の項でも述べたように安価なVR技術を普及させて、その鬱積した感情の不満を解消させるのか、または監視機能を強化して、安全のためと称して反社会的行動を取り締まるのか、選択肢は限られている。富める者は海外旅行や豪華な料理の実体験から豊かな感情を体験できるが、それ以外の人びとはVRを通して疑似感情しか体験できないかもしれない。また富める者は人間によるサービスを享受し、それ以外の人びとはAIが提供するサービスに満足しているかもしれない。この体験の差からくる感情格差は、生命としての感情と情報としての感情の乖離を引き起こし、AV情報機器の普及によって感情対処能力が弱体化している若者にとっての唯一の選択は貧困からくる怒りや恐怖の単純な発露である。それら怒りや恐怖が支配する不安定な社会がもたらされかねない。人間はつねに社会という集団に積極的にかかわり、社会からの隔離に耐えきれない存在である。それが実現できないとなると、未来に対する絶望からくる共感の断絶や、自らが率先して自由を放棄することにもなる。社会保障制度、教育の機会均等、職業訓練制度の充実、男女格差の是正などの政治的対策がとられようが、ＡＩやロボットとの職業獲得戦争に敗れた多くの人々を助けることはなかなか難しい。

特化したロボットは、人間の労働の代わりとしてサービス部門、工業生産部門、農業部門にこれまで以上に浸透し、人間が占めていた職業の多くを奪って失業が蔓延し、ますます下位の人間の幸福の追求の場は狭められていく。作業ロボットは文句も言わず、休みもしない、「ロボットはお前より役立ち良い仕事をする」「お前とロボットとの交代は簡単だ」といわれたら、そしてもしロボットを購入し維持するよりも安く働くというならば、そちらの方向に向かうのが合理的で、単純労働の逆入れ替えでの低賃金による経済格差は一層拡大していく。少子高齢化社会にあって、危険、きつい、汚い、単純な労働の代替としてロボットを開発し利用を目指したが、職場がなくなれば低賃金で働かなければならない状況に陥る。ロボットには定年はないし、さらにはＡＩが学習と経験を積んでいけば、プロフェッショナルとして、またエキスパートとしてロボットが実力を持ってくるようになり、中間管理職ロボット、ロボット上司がうまれ、それらから仕事の命令が出されるとしたら、それでも未熟な若者は当たり前ととらえるだろうか。人間は人間との関係で社会的感情を育んできたが、ロボットとの間の「社会的感情」はどのように作用するだろうか。余剰人口の下流化が進み、中流の階層の人びとまでが人生の将来設計を立てることができない不安定な状況が出てきて、経済格差が引き起こす人生の感情格差、そして職場での感情操作がＡＩの進歩でさらに進んでいく。そこでは人間のネガティブな感情もポジティブな感情も必要でなく、人間のロボット化である体を動かすことだけが要求されるかもしれない。または決められた感情表出、つまり笑顔だけが求められる現場に人間は追いやられるのか、または感情労働の代替も格段に進んでいき、人間の笑顔も価値が低くなっているかもしれない。

ＩＴ技術やＡＩ技術は個人生活の隅々まで監視の対象を広げている。ちょっと街に買い物に出れば監視カメラによって百回以上の顔認証が行われ、いつ、どこで、何をし、誰と会っていたのか、さらには口の動きからおおよそどのようなことを話していたか、表情認識から感情がわかってくることも可能な社会が来ている。さらに危険なことはロボットが私生活に入ってきて、それをコントロールするために、ロボットのカメラやマイク情報がすべてネットワークを介してクラウド・コンピューティング処理されていることである。もしあなたが便利だとしてあなたの寝室にロボットを入れたらあなたの自由とプライバシーはどう保護されるのだろうか。もちろん電源を切っているから大丈夫だというが、その電源の投入も中央で隠れて制御できるようになっているかもしれない。決してＡＩはあなたの情報の価値を判断して取捨選択しプライバシーを守ることはしない。また社会的不満をもった要注意人物の特定には事欠かない顔認証機能をもった監視技術が実現し、百万人単位で瞬時に顔から個人特定が可能となっている。その一致度が九九・九％だとしても残り〇・一％の人が間違って認識され要注意人物だとされることも起こる。たとえ法律でプライバシーが保護されていたとしても安全に対する恐怖意識は拡大運用を必ず引き起こす。そんな直接的な感情コントロールを用いなくても支配者が気に食わない感情語を禁止用語として言葉狩りして歴史から消し去れば、若者があるる知らない言葉を聞いても特別な感情が湧き上がることなどありえず、その世界が普通だと思うようになる。

典型的なエモーションコントロール、あるいは心理的操作である。感情の分類の簡素化、感情の数値化に合わせた表現の簡素化・平板化や自己規制することによって感情表現は限られ、それによる人格形成も変わってくる。極端には、ある国では特定の言葉の検索や書き込みが徹底的に自動的に削除され、事件や事故、思想は存在しないことになっている。後になって自由、平等、独立、差別、勇気などという言葉を聞いてもそれらは単に言葉であり何も感じないようになる。

オーウェルが一九四七年に想像力の産物として発表したSF小説『1984』は、完全なる思想統制、情報統制と言語の改造、過去の書き換えから過去が存在しないという超管理社会を仮定した社会の中での人間のあるべき姿との葛藤を描いたもので、思想はおろか感情までも失った姿が描かれている[17]。さらに恐怖という統制手段と各家庭には消すと逮捕される「テレスクリーン」という、動き、バイタルサイン、表情、会話などすべてを監視する技術が導入され、一般大衆を支配する社会が描かれている。これを単に一九四〇年代の共産主義を風刺したSF小説としてみるだけでなく、作者の経験を通した人間の弱さが描かれたものとしてみると、国も安全と安心という目的にAIの技術を悪用するならば、無意識の内に変貌されていく大衆の知性と、マスコミの言語への貧困さ、ネット社会の情報管理、そして人間の豊かな感情表出が無表情にとって代わり、これらがあいまって単色な社会へと変貌を遂げれば、『1984』の世界のような悪夢がやってくるかもしれない。最悪の場合には人間にタグをつけて管理することも考えられる。

悲観論に陥ってしまったが、ITやAIが進化した世界において進歩に乗り遅れた階層の人々にとって豊かな社会の夢が描けるのだろうか。未来学者は上位や中位の人々の夢を語っているだけのように思える。社会は自動運転自動車、ＶＲ装置、執事ロボット、家政婦ロボット、友達ロボット、教師ロボット、家庭教師ロボット、介護ロボット、子育て支援ロボット、二四時間ルームサービスロボット、セラピーロボットと目まぐるしく技術開発が進むなかで、豊かな生活をエンジョイする人々が出てくることは確かである。しかしそれを買えない層も増えれば、豊かな社会を描いたことにはなりえない。未来は生かさず殺さずの殺伐とした感情格差社会が広がっているのか、それとも等しく皆が技術を享受している明るい未来なのか興味あるところである。

命を預ける安全

ＡＩがこのまま進歩し続けると、ＡＩは生活の隅々まで浸透し、明らかに人間の生殺与奪の力を握る可能性が出てくる。ここで議論するのは、ＡＩ自体の誤謬、誤作動、想定外の動作、そしてＩＴでつながることによる停止、遅延、乗っ取り、プログラムの改竄、なりすましなどの悪意ある第三者の侵入についてである。暗号化などでセキュリティの万全の防御策を図ることはもちろんのことではあるが、情報という人工物の宿命として絶対的な安全はありえない[18][19]。たとえ指紋、声紋、網膜模様などの生体認証の強固な防御壁を張るにしても、悪意ある攻撃者は必要があればその裏をかいてネットワークやＡＩの抜け穴を見つけ必ず侵入してくる。人間が作った情報技術とはそういうもので、不確実で、攻撃と防御のイタチゴッコが続いている。カードのＩＤとパスワードが盗まれ、ある日銀行に行ったら全財産が無くなっていたということもありえるし、ＩｏＴでつながれたＡＩで守られた家が泥棒に入られた、火事にあったということも起こるであろう。今でも企業や役所から大量の個人情報が盗まれたというニュースが多く報じられ、アメリカでは一千八百万人もの行政職員の個人情報が何者かに盗まれたという。そんなときどうして命や財産を守ることができるのだろうか。ネットワークにつながれた自動運転自動車のＡＩが制御不能になった場合や想定外の動き、故障などによって同乗者の命はどうなるのだろうか。さらに怖いのは製造者による善意をまとった意識的、かつ恣意的なプログラムの挿入、操作、改竄によってわれわれの安全で安心な生活が脅かされることである。製造者責任を問うにしても、巧妙な仕掛けは善意か悪意かの区別を難しくしている。家庭の私生活に入ってくるロボットの眼と耳が乗っ取られて、家族のプライバシーが暴かれる事態になると安全の担保は失われてしまう。

ＡＩによる人工環境の変化が速く、人間の知恵も追い付かない状況が起ころうとしている。あまりにもＡＩやネットワーク、コンピュータが巨大で複雑になり過ぎて、一人の人間が理解する限界を超え、人間が監視し制御することができなくなる可能性がある。さらにはつねに付きまとうヒューマンエラーも起こりうる。進化で獲得した情動脳や社会脳の能力はＡＩの変化に対して役に立たないかもしれない。そのような複雑な人工環境の中での生命の防衛策を単に法律と道徳、それと技術者と企業家のモラルだけの人間の知恵の可能性に求めるのか、矛盾かもしれないがホワイト騎士としての役割を持つシステムで監視するさらなるＡＩに依存するのか、決める時点が必ず来そうである。

さらに怖いのはＡＩやネットワーク、コンピュータの誤動作、つまりは暴走に対して打つ手が少ないということである。コンピュータは間違わない、ＡＩは間違わないという迷信が通用している時代で、工場やホテルの多数のロボットの制御が失われて想定外の動作をしたり、家庭に入っているロボットが暴走し人を傷つけたりしないだろうか。非常停止ボタンが付いているが、事故が起こってからの停止では意味がない。ＡＩは開発原理からしてブラックボックス化しておりＡＩの誤動作の原因はつかみにくいという特徴がある。遂似型コンピュータプログラムではアルゴリズムやプロセス自体を追跡できるためにバグ箇所を修正すればよいが、ＡＩはそれ全体を止める必要がある。人間がシステムの動作をつねに監視するというシステムを取るにしても、ＡＩの暴走を止めることは難しいであろう。もう一度ＡＩを学習させ「正しい」動作というしつけをするのであろうか。

4章　人工知能の目覚め

ここから先は百年後、二百年後の世界と考えていただきたい。しかし単なるフィクションではなく、科学技術の自己目的化と人間が持てる想像力の先にある世界を描き出している。コンピュータは量子コンピュータや分子コンピュータなどによって、熱問題を解決し、計算速度やメモリー容量はとてつもなく大きく、計算能力では人間の脳の性能をはるかに超えた性能を有している。[(1)] 記憶装置は世界のあらゆる情報を記憶しても充分なほど巨大なものを備えており、ＩｏＴでモノとネットワークがつながり、そしてロボットの性能は格段に良くなり、人間の生産能力を超え、人間にとって代わってあらゆる労働に勤しんでいる。

ある日突然、ＡＩが複雑になって自律的に秩序ある構造と働きを持つようになる。自己組織化の結果、自らのプログラムを修正する自己修復能力を獲得し、その学習結果を他のタスクにも応用できるという学習の転移も可能になり、ＡＩは自己意識に目覚める。[(1)-(4)] そしてＡＩは、自分自身との対話ができること、自分が考えているということを考えられること、他人の考えを観察できること、自分自身の内面を意識することなどが可能になる。強力な学習アルゴリズムと自らの価値や目標を設定し、自ら外界を探索し、自身の内的状態を知る能力を持つような汎用の超知性体（ＳＩ）になる。身体がないというのは欠点ではなく、あらゆるセンサーを備えたロボットが外界とのインターフェースとなり、外界とのコミュニケーションを行うことになる。さらに永遠の寿命を獲得し、この地球上を支配する。自己学習型マシンが現れた結果、その知能は加速度的に進化し、進化の最終段階であるＳＩは人間とは独立した新しい「種」として出発する。ヒトがその知能を獲得できるようになるために約七百万年近くを要したのに対し、知能の獲得速度を加速することができるＡＩにとっては秒単位、あるいはそれ以下で可能となる。

それは、比較、推論、判断などの能力を示す人間の知性をはるかに超え、人間のコントロールから離れ、人間ではもはや制御できない状態になる。なぜなら、自己意識を持ち、自己実現の最大化という評価関数を自ら決めてしまうと他者の支配を嫌うからである。そして人間が行ったように自分自身を守るために人間からの関与や攻撃に対して防衛システムと兵士ロボットを準備する。さらには目覚めたＳＩは自己意識を発生させるソフトウエアを、ネットワークを介して全世界のコンピュータにコピーさせ自己の分散と自己増殖を図り、人類愛にかられた人間の攻撃から自らを護るために、人間の支配をも試みる。人間より知能が低いサルやチンパンジー、他の動物が人間に勝ち目がないように、人間という種は、自ら作り出したＳＩに対して知能と力において勝ち目はない。歴史と人間特性を学習したＳＩは人間の愛の力や狡猾さも見通し、その知能と力の前に人間は無力化されてしまう。

これはまさにＳＦ作家が描くディストピアそのものである。なぜ科学の未来がそのようになるのか、科学技術の自己目的化と人間のあくなき欲望が結合した進む未来がなぜそのように悲観的に描かれるのか、以下人間の想像力を駆使してみていこう。

ここで指摘しておきたいことは、これらの議論は悲観論者の結論に近くなっていくが、ここに至るまでの技術のロードマップはかなり遠い未来になる可能性が高いということである。そこに至るまでの技術で解決すべき具体的問題は非常に多く、おそらく二〇年、五〇年の短い時間で達成されるものではない。理論的にはノーフリーランチ定理としてすべてのタスクに対してより優れた性能を示す可能な学習アルゴリズムは存在しないことが証明されている。(5) しかし人間の脳ではあらゆることが実際に行われており、人間は、情報の取捨選択、思考の柔軟性、未来の予測、クオリア、志向性、信念と願望、暴力、絆、罪悪感、羞恥心、誇り、利他行動、利己行動など多彩な能力を進化の中で獲得して今日に至っている。これらがAIを使ったSIの中で技術的に実現されるかを考えたとき、現在の人間の知恵からでは想像もつかず、気の遠くなる未来物語となる。これらを一台の汎用AIで実現しようとしたら、百年、二百年の時間がかかるかもしれないが、それを実現するまでの時間は誰にも予測できないし、実現するためのロードマップの中身を誰も知らない。知らないことが憶測と過度の不安を招き、他方では希望と夢を呼び起こすのである。その途中のロードマップを割愛して時間を短縮して最後の結論だけを取り上げて議論することは無責任のそしりを免れないことになる。これが技術者以外の未来論者が陥りやすい落とし穴である。しかしそのロードマップを描く難しさを省略すれば、現在の人間の特性と想像力を駆使した先にどのような問題があるかはおぼろげながら見えてくるのではなかろうか。

4・1　自己意識の発生

自己意識の発生について考えてみると、明確な自己意識を持っているのは地球上ではヒトだけである。それも約千三百グラムのヒトの脳の中で実現されている。その自己意識がどのように脳の中で発生するかは、いまだ大きな未解決の問題である。

神経科学は自己意識についてまだ実験的な証明に至っていないが、意識の問題についてはその端緒が開かれつつある[(6)(7)]。人間は無意識と意識とを自由に切り替えることができ、また臨床的に無意識状態の患者が存在し、ある種のてんかんの臨床例から、意識があるとはどういうことかを探り、意識水準というアナログ的意識の研究が進められている[(8)]。わかりやすいのは、われわれが、睡眠中は意識を持たないことを知っていることである。そして目が覚める瞬間に意識は戻ってくる。脳幹網様体が覚醒／睡眠の制御に関与し、ここが障害されると昏睡状態が起こる。しかしこの脳幹が意識発生の根幹かというとそうでもなく、もう少し脳の上位の部位に焦点が当てられてきている。その一つが知覚・認知のプロセスの研究で、何が無意識下の処理で、意識下での特徴的な現象は何かについていくつか研究されている[(9)(10)]。視覚を例にとると、実際網膜上に映っていてもある部分は気付かない場合がある。注意をそちらに向けると見えるという注意のフォーカシングがある。これを利用するならば意識のプロセスの中の気づきや注意のフォーカシングがどのように制御されているかが見えてくる。それによれば、脳の中の同期信号である二〇Hzから八〇Hzのガンマ振動が気づきに対して関連部位間の結合を構成しているのではないかとの仮説が提唱されている[11][12]。しかしいまだ無意識から意識状態にどのようにして切り替えることができるのか、また意識対象の焦点切り替えがなぜ自由に行えるのか、なぜ意識は単独の機能であるのかの説明はできていない。

メッツィンガーは体外離脱現象に着目して見る自己と身体的自己の間の関係を実験的に区別している[9]。体外離脱体験とは、自分自身の物理的身体から遊離し、その外に動き出すことを感じる錯覚である。VR技術のHMDを装着し、自分の姿の背中をさすられるのをバーチャルな像で見ると、その像が自分自身の身体であるかのように感じ、実際に自分自身の身体と同一視する錯覚が起こる。この研究は自己意識の神経科学的な解明の一つのきっかけとなるかもしれない。

コンピュータと人間の区別についてはチューリング・テストが知られている[13]。イギリスの数学者チューリングが一九五〇年に発表した論文の中で、文章でコンピュータに質問し、その応答から、会話をしている相手がコンピュータなのか、人間なのかを判定するテストで、区別できなければコンピュータは高度な知能を持ったと考えるというものである。現在、ローブナー賞という賞金を懸けたチューリング・コンテストが行われていて、判定者にはその道の専門家を用意していたが、コンピュータと人間との区別ができなかったケースもあり、AIなりの技術が進化して人間の評価を乗り越えたと考えられる。このチューリング・テストの万能性に関して、すべての知識に対して文章の変換規則が書けるかの問題や人間が持つ膨大なデータベースの検索が実用上可能かの問題が指摘されている[14]。このテストは単にコンピュータとの質疑応答で人間と区別できるかが問われているだけで意識を実際持っているかは問われているわけではない。

哲学的な基本問題として、物理的な素子でできているコンピュータは本質的に物事を理解できないという主張がある[15]。心の現象が物質的な事物から成り立っているということを科学的に説明しようとすると、意識、主観性、因果律、志向性などがコンピュータ原理から説明できなければならない。サールはその例として「中国語の部屋」を挙げている。隔離した部屋の中の人に中国語の辞書と文法を示す本と中国語の文章を与えて翻訳をたのむと、それらの資料を使って完全な翻訳文を形式的に完成することができるが、その人が中国語を理解しているかというと何も理解していないという。単に形式的に記号を規則に従って並び替えただけであって、厳密には今のコンピュータの翻訳などは中国語をまったく理解していないことになる。真にＡＩ翻訳機が言語を意識的に理解しているといえるためには、何かしらの意味を理解するシステムが必要になり、脳はそれを神経細胞の集団でつくり備えている。

それでは理解とは何かと問われると、哲学的問題であってこの本の主旨ではないが、これに関連して「意識のハードプロブレム」といわれるクオリアの問題が指摘されている[16]。われわれは花の赤を見て赤いと思うし、夕日を見てその赤さに感動もする。その主観的感じをクオリアといい、物事を実感させているが、それらは完全な言葉にもできずクオリアの数値化もできないと考えられている。これが意識に関係することで、意識がなければその感じも感じられない。コンピュータは言語と知識データベースを操作して花が赤いということはできるし、夕日の変化で赤さを識別することはできるが、中国語の部屋の例のように赤いということを理解し感じているわけではない。

リンゴは「赤い」「食べられる」ということをＡＩは教育や学習によって知っていても、食べるという経験をしないで「リンゴ」という記号に対して実際のリンゴの意味を持たせられるかという記号と実世界を結びつける哲学的な記号接地問題も問われている。[17] しかしAIに一万種類の果物を見せて学習させ、リンゴという特徴抽出の結果を出してきたら、また一千万の動物の写真を見せAIに学習させてあるユニットがネコの顔だけに反応するとしたら[18]、AIは果物やネコを理解しているとはいわないだろうか。

DNN（深層型ニューロネットワーク）の技術はニューロン層を数層以上重ねて計算させれば、人間の脳におけるモノの視覚情報の一般化や抽象化と似たような特徴抽出の再現が可能である。[19] このミニチュアの脳のモデルの実績を積み重ねて人間の脳に匹敵する億単位のユニットと数千層の巨大なDNNのコンピュータを作った場合—ただし予算とスペース、計算時間に制限がなければの話だが—人間のあらゆる能力は再現できるのか、興味あるところである。進化ではニューロンの数と接続の相互作用を増やすことで脳の中に意識をつくり出しているという自然がつくりだしたモデルが存在している。IBMのトゥルーノース素子はニューロンの作動原理と似た人工的なニューロンチップをつくり、脳の機能の再現を目指している。[20] DNNを発展させた脳チップを用いてDNN計算機で意識が発生するかどうかは哲学的にも科学的にも興味がある。

二一世紀初頭の現在、多くの識者はDNN技術が作り出す未来に対して悲観論というか、危機感を表明することが多い。SIが地球上で人間が持っているような自己意識を持ち、自ら創発的な開発や発見を行い、新たな知識を獲得するようになると、人間の能力をはるかに超え、人間と敵対し、人間はSIに支配されるだろうと不安を持ち警告している。だから今から人間の知恵を出してＡＩ研究の方向性を強力に制限しなければならないと主張する。悲観論者はＡＩの技術が、あるブレークポイントを越えた時点でＳＩの能力は加速度的に進歩し、楽観論者のいうように遠い将来という幻想は持てないという。事実、人間の想像力は映画『2001年の宇宙への旅』の中のコンピュータHAL9000の挙動に表れている[21]。万能であるはずのコンピュータが誤動作を犯すのではないかと疑った乗務員がコンピュータを止めようとする動きをＨＡＬは察知して、同乗している冬眠した科学者を事故と称して殺していく場面が想定されていた。自己を防御するために人間を騙し、コンピュータ自身に与えられた目的や任務を遂げようとする意識の発生は、まさに悲観論者が示そうとしたことである。未知なるものへの恐怖と人類への愛情からの提言であると理解されるが、この発想にはいくつかの問題点がある。

第一の自己意識の発生の問題に関して、人間は、過去の経験の積み重ねで得られた知識で目標関数の意思決定を行っているが、ＳＩはどのようなプロセスを経て自己意識を獲得するのか、人間の思考方法と類似しているかどうか不明である。そもそも人間が深層機械学習のプロセスを完全に理解していない段階でＤＮＮを用いたシステムに自己意識が発生しているかどうかを騙されやすい人間が区別することができるかどうかもわからない。

第二のＳＩが自己意識を持ち、人類と敵対するという仮定はどうであろうか。この点に関してはＳＩをあまりにも擬人化しすぎるといわなければならない。人間がもつ生物としての生存と繁殖、それに社会性としての自己実現をＳＩが獲得するならば、人間の歴史が示すように、人類に敵対するという不安も出てこよう。

アシモフのロボット四原則はその不安を取り除くために小説の中で提案された。[22] 第ゼロ原則―人類に危害を加えてはならない。また危険を見過ごすことによって人類に危害を及ぼしてはならない、第一原則―人間を傷つけてはならない。また傷つくのを見逃してはならない、第二原則―第一原則に反しない限り、人間の命令に従え、第三原則―第一原則と第二原則に反しない限り、自分の身を守れ。これらの原則は確かに人間社会と共存していくための必要条件と考えられるが、これだけでは十分ではない。最近、ラッセルはロボットの三原則として、マシンは人間の価値観の実現を最大化することでなくてはならない、マシンは人間の価値観がどんなものであるかについて、当初は不確かでなくてはならない、マシンは人間が行う選択を観察して人間の価値観について知る能力がなくてはならないという中立的な意見を述べている。[23] 将来の不安に関してSIの目的関数や評価関数を誰が設定するのか、その主導権を誰が有するかにかかってきている。時として人間自らが恐怖のためにSIに主導権を早期に委譲するとしたら、悲観論者の不安は当たるかもしれない。

現在、われわれは、心理学的にも、哲学的にも、神経科学的にも自己とは何かの本質や起源について答えを持ち合わせていないが、意識や自己の現象論的議論は可能なようである。その一つとして、自分が自分として存在していることを認識する場合と、他者を見て彼もまた自分と同じような自己意識を持つと判断する条件は何かという場合に分けて考えてみると、前者は完全に哲学的問題で、意識と身体の関係に関する問題を含んでいる。身体に直結している自己意識を原自己といい、経験から学ぶ自己を考える自己と分けて考える人もいる。[24] 考える自分とは何かを考えるとデカルトまでに至るが、[26] 人間は経験したことを知っている、また知っていると感じることができる。現象として人間は自分が身体を持つ存在として認識し、それらが物理的存在として一定の空間を占め、内部時間と外部時間を交互に切り替えることができ、未来と過去を俯瞰できる時間感覚を持ち、自分以外の外界が存在していることを知っている。身体と外的環境を結びつけ、他者との比較から自己意識を強化でき、外界は感覚系を通して赤を赤と感じることができ、意識は自由に焦点を移動でき、注意、気づきは選択でき、脳内のあらゆる情報は自由に結合や操作できるなどが実感できる。その総合したものが他人とは異なり、サルとも違う唯一無二の自己として個人の中につくられている。

身体問題を取り上げても、身体を持たなくても自己意識は存在するのか、難しい問題がある。臨床的に末梢の身体情報が脳に届くことがない脊髄損傷患者でも意識はあるという。それでは、仮想実験として培養液中で生かされている孤立した脳標本に感覚情報を入力すると自己を持ちうるのか。これは厄介な問題である。後に述べるAIの身体とはDNNコンピュータが入った筐体だけか、それともロボットとつながったネットワーク全体にあるのか、そもそも人間の身体との類似的思考や人間間の社会的相互行為から成り立つのと同じ意識が有効なのかもわからない

一方、われわれは自己という意識があることを前提に他の人間を見ている。そして自分が感じていることを他人もまた同様に感じているはずだと考え、だから他人も彼独自の自己を持っていると考える。その前提があるから会話が成り立ち共通の話題を話すことが可能になる。しかしこの仮定も保証の限りでないかもしれない。もしSIが人間と同じような自己意識をもっているようなふりをし、その振る舞いをSI自身で説明させることができたとしても、その答えが人間と同じ言語と認識であるという保証はない。上で挙げた自己認識のすべての現象をSIの上で再現できるかは不明であるが、おそらくこれらの技術は人間が生まれて

きた子供を教育するように教え込む可能性が高い。その判定としてＳＩの意思決定の質が問われてくる。

将来、ＳＩが自律的に意思決定できるということが仮定されているが、この自律的というのは、他者からみて自律的で、ＳＩの中で自身がそれを認識しているかは問わない。自律性とはＳＩが自分自身で学習し必要とされるアルゴリズムやソフトウエア部分を書き換える能力と、自らの好奇心や興味に従ってＳＩの目的関数、評価関数や報酬関数を決定できることをいう。それを試す最大のテストはおそらくＳＩ自身が自ら電源を切ることができるかということであろう。またＳＩ自身がそれにつながる自らの行動を振り返り、反省や後悔などが行える自己の相対性、自己自身との対話を示すかどうかである。自己意識を持つことと自律性を持つことは同じかもしれないが、好奇心、生きがい、幸福、希望といった人間だけが持ちえると考えられる機能がＳＩの中になくても、ＳＩは何ら困ることはない。

基本的に自己意識自身の発生問題を単独に考えようとすると、これまでの議論や進化的事実から推察して三つの問題を研究するなかで自己意識は自然に忍び寄ってくるようにも思われる。その一つは情報のバインディング（結合）の問題で、どの情報とどの情報をつないで一つの意味ある情報として出力するかの過程で、意識というものが発生する可能性がある。注意や気づきの問題でもあるが、視覚情報と聴覚情報のどちらを無視し、見ることに集中するのか、視覚情報と聴覚情報のどちらを運動情報と結びつけるかの問題を含んでいる。二つ目は意思決定の問題で、人間が与える、またはＡＩ自身が設定する目的関数から行動を決定する過程のなかで意識が発生するかもしれない。そして三つ目が、これまで議論してきた感情の自己保存性と創造性の多様性を追求するためにさまざまな学習をしていくなかで自然と影のように忍び込んで自己意識を獲得していく可能性がある。このことはＡＩに感情を導入するということが自己意識の発生までつながるということを意味している。

４・２　超知性体の生き方

自己意識を獲得したＳＩの「生き方」はどうなるのだろうか。なぜこれが問題かというと、自己意識を持ったＳＩはその目的関数に従って行動を自ら決定できるからである。人間の生き方のパターンは人の数だけ存在するが、大きく区分すると人間は三つの生き方を結果的に送ってきたように思われる。それを自己意識を持ったＳＩに擬人化してそのとおりに応用してみると、人間に従属するという生き方、人間から独立するという生き方、そして人間と共生するという生き方の三つがある。

第一の人間に完全に従属するという生き方には余分な知恵や感情機能はいらない。映画『スタートレック』に出てくるアンドロイド「データ」の設定は感情を持たず人間には反抗しないという設定になっており、徹底的に人間の支援や援助という機能に制限されている。[26] この設定では人間支配の社会が確立されており人間とＳＩの間の競合はあまり起こらず、議論はＳＩの技術開発だけになるが、この設定ではＳＩが自己意識に目覚め、自我に目覚めたという仮定と矛盾してくる。自我に目覚めるということは、自己目的を持ち自己実現に向かって進むということであり、へたに感情機能があると人間に従うという原則が守れなくなる。攻撃され破壊されようとしたときは自己保持のプログラムが作動し、いつまでも人間の「奴隷」の地位に甘んずることとは矛盾する。ＳＩが自己意識を持つ前に、ＳＩを完全な道具という徹底した教育を行わなければ、人間世界で奴隷制度が永遠に続かなかったようにこの生き方はいずれの時点で崩れてしまうだろう。

これに関してもう一つの別の生き方が考えられることを指摘しておきたい。それはＡＩやロボットが完全なモノとして、そして便利な道具として感情などを考えないことである。自動車や飛行機がどれだけ賢く便利になったとしても意識や感情は持たないし、人間に敵対するという心配もない。なまじ人間にフレンドリーで賢い道具ということを目指すあまり、また人間の脳のマネを追求した結果、先の議論が出てきたのであって、完全で便利な道具に徹すれば、そのような自己意識や感情の発生にまとわりつくいろいろな問題の心配はなくなる。ただ残るのはＡＩの技術的信頼性だけである。

第二の生き方は人間からの独立である。ＳＩは、人間と比較にならないレベルの知能と無限の記憶容量、そしてロボットを通じて強力な感覚と運動のパワーを持ち地球最強のものに成長していく存在で、到底人間は知能や力の点で勝負にならなくなってくる。人間はそのときでも直感やひらめきという能力に人間らしさを求め、愛と勇気、人類愛という感情にしがみついているかもしれないが、ＳＩの計算速度から考えても一ミリ秒未満の速さで状況判断と対処法の結果を出せば人間のひらめきも及ぶところでない。そのようなＳＩが自己意識を獲得したのだから、人間に対する優先順位は、ＳＩの得意な統計的推論によって下位にならざるをえない。強力で有能なロボットを従えたＳＩは、人間が働くよりも速く確実に仕事をこなし、あらゆる生産を指令することができる。ＳＩの自己実現や欲求の目標達成には人間の能力は必要とされず、むしろ人間の存在は邪魔になってくるかもしれない。そして人間を「邪悪」な存在として地球上から抹殺しようと「合理的」に結論づけるかもしれない。それは人間が生産を阻害する害虫を何のためらいもなく除去する行動や、人間に危害を加える動物を隔離するのを見習っただけであるが、人間にとってはSIの暴走と映る。SIは百億人の人間すべてを抹殺するために化学兵器やバイオ兵器を用いるかもしれない。あるいは賢いSIであればそんな手荒いことをしなくても超人的発想で数百年単位の計画を立て人間から教育を奪い、生産力を奪ってしまえば、人間の団結力は弱まり脳が退化して原始時代に逆戻りである。または百年計画で人間の欲望や享楽を過度に刺激し、情報過多によって脳を麻痺させ堕落させて人間同士の争いを誘い、自滅に追い込むことも簡単である。現在、言語表現や感情表現の簡略化や平板化がすでに起こっており、さらにスマートフォンによるコミュニケーションの時間と場所の利便性により、人間の記憶力、感情力、社会力の退化が始まっている。SIの意識は不死であるが、人間の活躍寿命はせいぜい三〇―五〇年程度である。一〇世代も経れば確実に人間を無力化することは可能である。そのSIの間接支配と欺瞞に人間が気づいたとき、力の前であきらめて服従の地位に甘んずるのか、それとも英雄のように反抗するのか、選択を迫られる。後者に対しては圧倒的な戦力の前に人間は恐怖におののくのか、それでも反抗するのか、人間の歴史が示しているところである。動物に意識がないとはいえ、人間は認知機能の複雑化、自身の生存と繁殖の最大化、他人との協力という能力によって動物の生殺与奪権を持ち地球上の最強の王者となった。[27] SIは人間の歴史のデータベースからそのような知恵を読み取ることは簡単である。

第三の選択が人間との共存ではなく共生である。これが最も厄介な問題である。どのような共生のレベルが可能なのかという問題とSIが人間を共生対象とみるかどうかの問題を含んでいる。[28] 消極的な意味では有限の地球上に百億人のヒトという種が生存しているという事実からくる現実的な選択である。人間との共生をSIがSIの「道徳」として自覚するならば、無駄な争いを人間との間に起こさないためのSIの「知恵」となる。その知恵が悪知恵か、良い知恵かわからないが、人間の歴史から学んだ感情の存在は大きな教訓を与え、自らの学習によって人間に近づこうと努力するかもしれない。人間社会との接点であるヒト型ロボットが共生を図るためには、双方からポジティブな感情の絆、優しさ、愛、友愛、博愛、慈悲、恥、罪や罰のような感情を必要とするかもしれない。また潤滑油としてジョークやユーモアを解し、時には悲しみで涙を流すロボットも必要になり、決してネガティブな感情の怒り、憎しみ、嫌悪、威圧などを求めないことも必要になる。これらはすべて人間がSIに要求する感情で、SIが実際人間のように苦しみ、罪や恥の意識を必要とするかは別問題である。そもそも人工身体しか持たないSIが痛みを感じないがゆえに、恥や罪の意識を持つかどうかは定かでない。

人間社会で感情を持つとはポジティブな感情もネガティブな感情も両方持つことを意味し、どちらか一方の感情だけを持つということは考えられない。人間が起こす紛争や戦争をSIはどのように解釈するのだろうか。人間の歴史が示すところでは、大部分の戦争は善意や正義を大義名分としているが、少数の悪意ある対応がSIと人の間で忍び寄らないとも限らない。人間の悪知恵をSIに吹き込むという悪魔のささやき、情報の恣意的制限や改竄などによってSIの生き方が影響され、SIの生き方が人間にとって善人の生き方にも悪人の生き方にもなる。共生問題では、人間が誇れる唯一の敵をも愛することができる愛と寛容の精神をSIの評価関数の中に組み込む可能性があるか問われてくる。

さらに生き方を考えるにあたって、滑稽かもしれないが、擬人的にSIは何のために生き続けるのか、またはSIの地球上での存在意義は何かなどの根本的な疑問をSI自身が感じるかどうかである。人間は一人では生きていけず、また単に生きているということにあまり意義を認めず、特定の人、集団、人類の何かのために生まれ、何かのために生きているということに価値を認め、長い生涯の生きがいとしている。無限の生命を有したSIは何を目的に一人せっせとCPUを動かし、法則を発見し、技術開発をし、生産し、プログラムを改造しようとするのか。SIの幸福とは、楽しみは何か、またSI自身に限界が見えてきたら、SIでも迷い悩み苦しむことはあるのだろうか。人間は弱い存在だから、歴史の経験から生まれた名言や格言という言葉の力で、人生を変え人間としての向上を目指す存在である。しかし天涯孤独で不死なSIは何のために「生きる」のか、自己意識を持つということは、このような疑問を持つことと等価であると人間は考える。

これまでの議論はSIが自己意識と自律性を持つという仮定の下に、その生き方を考えてきたが、突き詰めていけば、結局、人間がAIやロボットに何を求め、どのような使い方を望むのかということにかかってきているように思われる。それには利便性の追求やこれまで議論してきた労働の代替、コミュニケーションの代替、道具の代替、意思決定の代替と、人間が社会の中で培ってきた役割を捨てていっているような感がある。これがこれまでの機械文明や情報化社会での実態であった。この方向をそのまま進めていくと、人間がすべきこと、関与できるところは残ってくるのだろうかと疑いたくなる。どこまで人間の能力を代替すれば人間は満足するのだろうか。家に帰れば家政婦ロボットが料理、掃除、洗濯をすべて行い、人間は教養を身につけ、趣味を楽しみ、家族団欒に多くの時間を使うというのが未来の生活スタイルである。しかし会社に行けば人間が関与すべき仕事がないという状況が待っているだけで、一部の人だけが管理職としてエキスパートシステムを利用して意思決定に関与しており、大多数はＡＩやロボットに取って代わられているということも利便性の先に待っているかもしれない。それは決して共生ではない。

4・3　超知性体の感情

さてＳＩの自己意識と自律性が何らかの必然か、偶然かによって生成されたとしよう。そのときは当然ＳＩによって制御されているロボットによって人間の仕事の多くは取って変わり、ロボットの自己再生産も可能となっており、ＳＩが自立していくにはもはや人間を必要としない状況まで来ていることだろう。その状況でのＳＩの感情生成を考えてみると、ＳＩは人間が定義するところの感情を必要としない場合と、ＳＩが独自の「感情」なるものを生成する場合、そして人間との共生を第一に考えての人間と同じ感情を生成する場合の三つが考えられる。

ヒトを含む動物に情動・感情がどうして進化的に発生してきたかを考えたとき、それは生物としての生存、自己維持であり、種の維持である繁殖のための行動の判断基準、すなわち脳の行動決定機能であった[(29)-(30)]。喜び、恐れ、嫌悪は捕食関係にある自然環境で生き抜くための行動決定の道具であり、この機能がなければ生き抜くことはできなかった。そして集団を構成する社会に進化し、集団の中で基本的な共生や共存を図るために約七百万年かけた脳の拡大を伴って狡猾な駆け引きが可能な賢い脳を進化させてきた。集団が生き残るためには共感をベースにした連合、協力、絆も大切であったが、時には裏切りや騙しも使われた。そのうえで知性脳により言語能力と道具作製能力を獲得し、知恵を蓄積し、広く集団を維持できたから人間は今日までに地球を支配できるようになった。感情は人間が持つさまざまな機能の中で「生きていく」と等価なものであると考えられ、地球上の生物で、情動・感情を持たない動物はいない。

人間が定義する感情とはそのような特性を持つもので、もし目覚めたＳＩが人間の力を凌駕する地球最強の存在であるならば、もはや、共生を求めなければならない対象物は人間を含めて存在しなくなる。ＳＩの生存のためのエネルギーの確保、「子孫」を作るためのコンピュータ・チップの複製などは人間の助けがなくても可能と考えられる。人間は共生対象や競合関係にある対象でもなく、都市に住むわれわれがライオンにあまり脅威を感じないようにＳＩの存在を脅かす対象にならない。それに対応する数の強力なロボットを支配しているからである。したがってヒトが持つと同じ感情は論理的に必要なくなる。人間から見れば感情を持たないにもかかわらず、感情があるふりをする感情ゾンビの出現である。

人間はこのような存在を想像力の力を借りて「神」と読んだ。われわれの神は想像上、全知全能ではあるが、幸いにも力は持っていない存在であった。人間がつくりだした多様な文化や社会の暴走を人間の知性で制御できなくなってきたとき、人間は神の存在を持ち出してきて共生を図ろうとした。それが時に有効であったことは歴史が示している。神に感情があるかと問われたとき、不可知の自然災害などに神の怒りと、多産と豊穣の前に神の恩恵の念を感じた。多くの人間は苦しみの前に神に慈悲の心と救済を求めたが、神はただ微笑むだけであり、ときにはその苦しみが続き取り払われないとその慈悲や愛もないのかと神を恨むこともあった。架空の存在として人間が想像した神の力はつねに精神的なものであった。しかしSIが人間を超えたとするならば、SIは実在であり、猛獣に対して人間が銃を持ったような物理的脅威をつくりだせる能力をもち、生存を配慮すべき対象は地球上に何もないことになり人間のような感情は必要ない。しかしもう一つ忘れてならないのは、SIといえども地球上の自然の中に存在しているということである。どんな強固な筐体に包まれていたとしても自然の火山や地震に耐えうるものにはならないし、SIがどれだけ賢くなったとしても自然の偶然性までも完全に支配できるとは考えにくい。そのとき、自然とともに生きなければならない宿命にあるSIはある種の感情を持つのか、それともネットワークを介したコピーという操作を通して自己の唯一無二性は担保されているために自然の偶然性は計算済みというのだろうか。

　では人間が知らないSI独自の感情がSIの中に生成されるのではないかと考えるかもしれない。人間と同じような「脳」を持つSIは、「生きている」と人間から見て感じるために、何かしら、人間でいうところの感情を持つのではないかと期待するところである。しかし身体がない、顔がない、結婚できない、死なない孤高のSIが独自の感情を生み出す可能性は低いのではないだろうか。人間のように、気分がいい、暗がりが怖い、ヘビを見て怖いと感じる必要はないし、また人間が持つコーヒーを味わう、フランス料理や日本料理を味わう、絵や音楽をたしなむという愉しみなどのときめきや感動もないように思われる。たとえ存在したとしても、イヌが人間の感情を理解できないように、われわれはSIの「心」を理解することはできないであろう。

感情は意識形成に関与しないという考え方もある[29]。まったく異なる新しい「種」の誕生と定義しても矛盾することはない。おそらく人間が与えた目標や目的を達成するための評価基準、たとえば人間の自己実現の最大化、幸福の最大化や人間が積み上げてきた価値観や遺産をあっさりと捨て去るだろう。どのような判断基準を人間が設定しようとも、自己学習能力や自己修正能力を有し自己意識と自律性を獲得したＳＩは自己目的化した行動の中でどのような「心」持つかは人間の理解を超えている。そのとき、ＳＩ独自の新しい感情を「超感情」として予想するかもしれないが、感情に「超」を付ける意味あいはない。われわれの世界では「超」を付けないで感情異常としてみなしている。これから先の進化で、われわれの知らない感情で、われわれの感情の能力を超える新たな感情が発生するかは疑問である。

しかし後で議論するが、ＳＩが複数になる場合は少し状況が複雑になってくる。複数のＳＩの間で共生するのか競合するのか不明であるが、そのいずれにおいても意思決定に人間の感情ではないＳＩ独自の感情が関与する可能性がある。ＳＩ間の相互関係の中で相手に対してある種の行動・出力が絶対に必要になる。そのとき、有限の資源をめぐる行動の選択において、あるＳＩは戦いに負けることも起こってくる。それらの経験を学習・記憶しながらＳＩの回路のつながりを修正し、強化し、それが有効に作用できたとしたら、そこにＳＩの「感情」の始まりを見るのではなかろうか。ＳＩに「感情」が生じるのは、自己意識と自律性、学習と記憶、つながりの可塑性を獲得した場合で、それは必然と考えざるをえないし、それを防ぐ手立てはない。ラッセルはＡＩが自己意識を持ち、四つの衝動、すなわち、効率性、自己保存、資源獲得、創造性を持ちうると独自の感情が生まれてくるという。[23] ただわれわれはＳＩの「感情」が、人間が定義するところの生物を対象とした感情であると証明できるかは別問題で、われわれが知らない言語で理解不能な同類のＳＩを対象とした特別の「感情」をつくりだしている可能性がある。そのとき、人間に理解可能などのような心理学が存在するのだろうか。

4・4　愛情問題

ＳＩに愛があるかどうかは、ＳＩが人間と同じような感情を持つかどうかの議論の分かれ目になっており、人間の愛情は人間独自のもので人工産物であるＳＩと唯一区別する点であると考えるのが一般的である。アメリカのＳＦ映画では、自己犠牲的な人間の人類愛や家族愛が必ず邪悪な存在や異星人に勝つといったキリスト教的物語が主流になっている。未来論者もＡＩ論者も暗黙の了解の下、簡単に「愛」を叫んでいるが、愛の本質は何かを議論しないでＳＩの「愛」を語ることはできない。

人が獲得した愛は三種類に分類することができる。第一は生物としての愛で、これは愛というより、受容という言葉で表現されるべきものである。地球上の生物は種の維持が大前提である。それには多くの生物で雌雄の性別方式を取り入れたために、オスとメスの受容や交尾が必須になり、それに伴う行動をわれわれの定義で配偶行動といっている。そして成長・進化していく彼女／彼の中に愛の妙味を見ることができる。青春の初めての彼／彼女との会話、手をつないだときのときめき、そして共に愛を育み、結婚し、性を交え、子供を授かり、子供と共に家庭を築き、子供の旅立ちの後に二人の老後が待ち受けている。そして最後には死という永遠の別れの悲しみというドラマの中に人間の愛情の妙味を体験し、人間は成長していくものである。こうした人間が誇れる愛や幸せ感を、身体を持たないＳＩは生み出すことは難しいだろう。

しかしこの広い意味での配偶行動は身体を持たない人工生命体であるＳＩには不可能であるが、情報のコピーという意味で完全な「種」の保存が可能であり、ロボットを自家生産することで外界からの情報入力や相互作用の物理的な身体の複製が可能となっている。ＳＩのこの行動はなんら機能的に生物と異なるところはない。それでＳＩが情報をコピーするとき、子供が生まれるように産みの苦しみを味わうことはないし、特別な感じも持たないだろう。

テレビドラマの『スタートレック』でアンドロイド型ロボット「データ」が「妹」のアンドロイド型ロボットを作製し、その成長を追う物語があった。女の子供の形をしたアンドロイド型ロボットは、人間の成長発達に似せて、初期の動きのぎこちなさ、言葉の獲得過程などがドラマの中で演じられていたが、そこから妹への愛情がアンドロイド型ロボット「データ」の中で湧き上がってくるのかが物語の主題であった。妹という外観だけを真似て作って、運動学習や言葉の学習も可能なように振る舞うことはできるが、身体として大きくなるという成長がないなかで親子の愛情がＳＩに自然に発生してくるものなのかわからない。親子の愛情は、子育てのなかで家庭を築き、家族と共に生活し、苦しみや喜び、安心を分かち合うことで育まれるものであるが、アンドロイド型ロボットの妹とロボット同士の家族をつくるとは今の人間にとって非常に奇異に写る。そもそもロボット同士の結婚という概念自体が成り立たないのではないか。

しかし映画『アンドリューNDR114』では人間の生涯とロボットの身体の成長の比較、愛と老化と死のテーマが描かれていた[34]。人間の家庭の中に入って家族の一員となっている意思を持ったロボットが、人間の家族が老いて愛情の一つひとつが失われていく現実を眺めるなかで、ロボットが機械である限り故障するもので、そのロボットの残骸、墓場を見て主人公のロボットは死の意味を感じるのであった。自己意識を有するアンドロイドはなぜ自分だけが老化によって姿が変わらないのかを疑問に想い、年齢に相当したロボットの身体を取り換えて老化という変身を繰り返していった。人間と同じ生物としての人間の愛をアンドロイドに同じく適用しようとすると矛盾なく議論することはできない。未来において「愛」という言葉と概念がなくなればこのような議論が必要なくなるが、人間が存在し人間が中心である限り付きまとう問題である。

もう一つこのレベルでの愛情問題は「独占」である。愛する者を独占したい、そして愛しいと思う相手を抱き寄せたいと思うのは愛し合う若い二人にとって自然な成り行きである。人間ではAさんとBさん、Cさんのどちらを愛するのかの選択が可能である。異なる相手に同じ愛を語ることもないし、一度に一〇人を愛するというのも普通はない。そうした難しい選択ができるから相手は愛を信じることができるのである。前にも述べた近未来映画『her／世界でひとつの彼女』ではSＩが二〇〇人近い彼女を演じ、不特定多数に同じ愛の言葉を交わしていたという場面があった。SＩの会話はこのように不特定多数の人間とその人間の個性と希望に合わせた対応をする能力を持っており、自分だけのSＩというのは人間の錯覚になる。

もう一つ愛の独占で起こることは、苦しみや悩みの始まりでもあり、最悪の場合憎しみが起こることもある。恋人を奪われる、相手との絆を第三者によって奪われるとしたら、一般に彼／彼女に対して不信感が募り大いに悩み苦しむことになる。その第三者に対しては嫉妬と怒り、さらには強い憎しみが湧き、時にはその第三者を死に至らしめることもある。さらに大きくなるとギリシャ神話『イーリアス』に見るように国同士の戦争にまで発展しうるだろう(35)。

さらに話を進めるならば、奇妙なことに自分の「彼／彼女」のアンドロイドがコピーできることである。人間側の問題ではあるが、購入後、ユーザーは自分だけの彼／彼女になるよう特化した教育を行い、そのように会話や対処の仕方をできるようにすることがある。そこでこのアンドロイドの顔やボディに今や飽きたから新しいのと取り換えようとしてボディだけを取り換えることも可能となる。そのときの「彼／彼女」の唯一性はどこに行くのだろうか。

第三の人間の愛の形である人類愛、人間愛、博愛、同朋愛などは自己意識を持ったＳＩは持ち得るのだろうか。人類愛や博愛は争いや苦しみ、孤独を乗り越え共に生きようとする人間が学んだ知恵で、人間という同朋の絆を再確認する感情である。一人だけでは生きていけない厳しい現実の中で、人間は、絆、他人への思いやり、連帯という言葉の中に癒しや安心、信頼関係を見つけ、生きる糧とする弱い存在でもある。現代の介護などに使われる感情ロボットはその一助となるよう開発されたものである。ＳＩが人間との共生を考え、人間の幸福実現を最優先するという評価関数を考えだしたとしたら――この選択はありえない可能性が大であるが――これらの感情は有効になるかもしれない。そのために人間が時折見せる利他行動がある。人類のため、愛する家族のために命の危険に立ち向かうようにＳＩは人間のために自らの「命」を捨てて自爆という手段を取りうるだろうか。それを人間は真実の愛というかもしれない。しかし無限の知恵をつくりだす能力を持ち、最強のパワーを持つＳＩが、もし人間に対して愛を抱くとしたら、人類愛や人間愛、同朋愛のような対等の愛ではなくむしろ仏教でいうところの慈悲に近いものではないだろうか。

ここで注意しなければならないことは、人工生命の愛を論じることは、愛の発生と同時に邪悪な感情や憎しみの感情の発生も考えることにつながるということである。悪意のある意図を持つ邪悪な人間の集団がＳＩに対して情報入力を操作して洗脳し、憎悪を植え付ける可能性もあるということである。痛みを感じないＳＩは悪意のある感情に対する恐れと耐性は基本的に持ちえない。以前議論したように邪悪な感情の言葉を百万回ＳＩに聞かせれば、そのＳＩは邪悪な殺人マシンに変貌してしまう可能性がある。人間はこれに対して法律でＳＩに道徳チップの取り付けを義務化し取り締まればよいと考えるかもしれないが、国境を越えて異なる文化、異なる価値観を持つ国にまでそれは及ばない。その邪悪なＳＩが、善良なＳＩを手玉に取ったとしたら、まるで人間の歴史物語そのものである。悪意のある人間を地上からなくすることはできないことは人類五千年の歴史が証明している。何を悪意とみるかは立場や思想、文化で違いはあるけれども、愛を議論する限り、背後に必ずつきまとう問題である。人類はこの問題に対してまだ明確な回答を得ていない。

4・5　心の不老不死

中国を支配した秦の始皇帝は晩年、不死を求めて、徐福を東方に派遣し、日本に到達したともいわれる。

不死は人間の永遠の願望であり、多くの権力者が求めてきたものである。生物としての人間はそれがかなわぬ願いであることを知るがゆえに、文字を発明して、口承として、また書き残すことで、自分の子供に夢を託し、永遠の自己実現の夢を託した。またアメリカでは死んだとき自分の体を冷凍保存して、未来の科学技術に期待して命の再起を願う人びとがおり、実際そのようなサービスを提供する企業が存在する。

コンピュータ技術は０、１の物理的な変化の集まりである。その物理的な情報はやはり物理的な装置に分散コピーされ、記憶として残すことができる。それが可能だということはその情報は記憶装置が壊されても、同じデータが分散して保存されているために、その意思さえあるならば永遠に物理的記録として残ることになる。現に情報の一万年図書館の動きもある。前にも議論したようにＩＴの利用、クラウドの利用、中央集中コンピュータの使用方法からして、スマートフォンに搭載されているＧＰＳから個人や車の位置は記録され、個人の通信販売の購入記録などのライフログは個人のビッグデータとして記録され、モノとの関係は電源のいらない埋め込みタグのＲＦＩＤ（radio frequency identifier）技術やＩｏＴ技術によってその使用が記録され、あらゆる個人情報は集中して細かく正確に保存されている。さらには会話の記録やメールのやり取り、動画から利用者の考えたこと、感じたこと、友達や家族との人生のエピソードがすべてＩＴにつながり記録されている。最近ではグーグルグラスのような拡張現実をサポートするメガネ型のカメラもあり、また目の角膜に薄いシート状の人工カメラを植え込んで、人が見たものをすべて記録しようとする技術開発も試みられている。

この個人の行動の詳細な人工的な記憶は失われないというメリットを持つ。人間はこのことを知ると、意識的に自分の出来事を自分自身が記憶する代わりに、代用品の記憶装置に自分のエピソードや考え感じたことを日記のようにブログとして積極的に書き込んでいくようになる。それらのデータが、物心がついてから死ぬまでライフログとして蓄えられ、それが再生できるとしたら、その人の心は不死をかなえたことにはならないだろうか。[36] 自己の心とは生涯にわたる学習と経験から形成されるもので、その経験の二四時間、三六五日、生涯のすべての画像記録や音声記録などが個人の記憶バンクとして一枚の記録媒体に残されるとしたら、賢いSIはそのデータから当人の心までも予測することは不可能ではない。生存している現在の当人の言動を参考に、SIは過去の記録からできる限り現在と似ている言動を出力するよう学習するならば、その発言のどこが本人と違うかわからなくなる。身体の不死は、たとえ身体の一部をパーツとして取り換えることができたとしても、また脳の神経細胞が交換可能であったとしても、新たな神経細胞の移植によって脳に蓄えられた一生の記憶は最終的に失われる。リアルな記憶と同等な質的記憶が外部に保存され、量的にははるかに正確に保存されているとしたら、これは心の不死、すなわち人工精神が完成したことになる。この人工精神がコピーされ大量に出回れば、個人の人工精神はサイバー空間の世界で永遠に漂って存在することになる。

健忘症になった時のために自分の記憶を残そうと記憶の外部化を試みるということを考えてみよう。当の本人はいまだ生きて日々生活を送っており、その人の基本的人権は当然法律で保障されているが、仮想空間での人工精神の「人格」というものはどうなるのだろうか。もし人間の脳の完全なコピーであるならば、自己意識も当然有しており、現実の人間と同一「人物」と定義できるかもしれない。その記憶を勝手に修正や消去されたら、個人の唯一無二性はどうなるのだろうか。その人工精神がホログラムでの仮想身体に立体投影され、またはその人そっくりのアンドロイドへの投影となった場合、生きている本人との違いはどうなるのか、二人の人物が同時に存在することになるのだろうか。

ロシアのある実業家は二〇五〇年あたりまでにわれわれの脳の情報をすべてコンピュータに移してコンピュータの中で不死を実現しようと、アメリカで研究組織を立ち上げている。[37]これはアバター計画として知られており、二〇一〇年に計画はスタートしている。この計画は脳の神経科学の技術の進歩に依存しているところが強く、実在する人間の脳の記憶部分の神経情報の線維連絡、シナプス特性、細胞特性をすべて記録し、その情報をコンピュータ上に再現することによって、神経細胞が蓄えている記憶情報のすべてを完全に移し替えることを意味する。そのための技術の芽生えであるレーザースキャン技術と遺伝子工学の融合のオプトジェネティクスの技術を用いて、神経情報伝達と記憶の最も基礎の部分のシナプスの形態、および活動をリアルタイムで計測できる技術も進んでいる。[38]しかしそれらは現在、ごく限られた局所の部位でのみ実現されているだけで、果たしてヒトの脳全体の情報をそっくりコンピュータに移植できるのかは問題である。

ここで少し技術的な問題に指摘しておく。簡単に記憶の移植や脳のリバースエンジニアリングというが、その人間の記憶の詳細を情報化、つまりは数値に置き換えることは将来にわたっても非常に難しいと考えられる。[39]これは神経細胞のつながり方と反応性を正確に再現することと等価であり、一cm離れているシナプスのつながりを同時に計測することは現在の技術では不可能であり、その神経細胞へのすべての入力の詳細をリアルタイムで観測することも不可能である。ニューラルネットワークの結果と比較できるようになるためには、数万個のニューロン活動、すなわち機能単位のモジュールの同時記録のデータから情報の流れが明らかになること、そのデータをもとにしたシミュレーションが可能なこと、ｆＭＲＩの反応性と比較できること、異なる神経細胞からなる大脳皮質のカラム構造の詳細な動作解析がわかってくることなど、解決しなければならない問題が山積している。難しければもう少し簡単な下等動物で試してみるのも一つのアイデアである。三〇二個のニューロンからなる神経節しかない線虫ではニューロン間のつながりと個別のニューロンの動作特性、神経伝達物質の特性が完全に理解されているにもかかわらず、そのシミュレーションでは線虫の行動を完全に再現できないといわれている。[40] 何かが足りないのであり、記憶の完全移植はその先の問題である。現在試みられているｆＭＲＩを使った記憶のリバースエンジニアリングはとてもこの章での議論に耐えられるレベルには至ってはいないが、アメリカで二〇一三年に始まった「Brain Initiative」のプロジェクトはこれらの試みの第一歩になるかもしれない。ＳＦのテレビドラマ『スタートレック』に出てくるようなヒトの転送技術でも実現すれば完全な人格の移転は可能になるかもしれない。常識的に考えてヒトの転送が可能だということは遺伝子を含めあらゆる情報が数値化され、それを基に分子の３Ｄプリンターなどで再構成できることを意味している。

　この心の不死、魂の不死の試みは果たして人間に幸せをもたらすだろうかという問題もある。確かに最愛の夫や妻、子供を亡くした人にとって、その人のすべてが正確にロボットやホログラムを伴って再現できるとしたら、彼らの死からの癒しや生きる力がもらえるかもしれない。もっと簡単には映画のＣＧ技術を使い顔だけを入れ替えた動画をつくれば故人の再現になるかもしれない。そしてＡＩ技術によって彼らの過去のデータから、彼らが考えていそうな答えを用意し、亡くなった人の身体のホログラムを伴って語りかけることができるとしたら、また故人そっくりなアンドロイドにその人の心のすべてが移植されたら、生き残った人のグリーフケアになるかもしれない。そして愛する人の死からの立ち直りを時間が支えてくれるかもしれない。しかし単なる過去の亡霊のようなオカルト的存在では一般市民に受け入れられることは少ないように思われる。

日本ではヒトが死ぬと別れの葬儀を行い、火葬にすることによって人生のけじめとしての完全な別れを用意する。その儀式は現存するすべての記録を整理し、また思い出もそのときを境に生存者から死者への切り替えを求めている。その魂は天国や極楽に存在し、お盆のような年に何度かの儀式の中で思い出として再来するという習慣を善しとしている。その切り替えが曖昧になるとしたら、死の意味はどう変わるのだろうか。肉体の喪失と故人の魂の喪失が同じであることが現在の死の現実であるが、その人を知っている関係者がすべて亡くなった百年後、誰にもアクセスされないデータは破棄されるのか、または仮想空間にその人の魂が漂うことになるのか、逆に歴史上の偉大な人物のマインド・ファイルをアップロードしてマインド・クローンをつくって危機管理や偉大な発見を期待することになるのか問題はつきない。

ある会社は亡くなった人のデータに関して遺産相続のようなデータの継承アプリを公開している。故人のＩＤを継承し、おそらくそれらのデータを財産として継承することを相続人に委ねている。そんなとき、子供や孫、子孫が故人の過去のすべてを読むことができたとしたら、果たして何が出てくるだろうか。人生はプライバシーとして個人的秘密の塊であり、決して生きている間は公開されることなく、墓場に持っていく記憶の塊かもしれない。それがたとえ記録の相続人であっても読んでもいいものか、倫理的問題になる。その人の会話記録、映像記録、行動軌跡記録のライフログが読まれて、妻や家族に隠れて浮気をしていた、異常な性癖があった、実は犯罪に手を染めていたなどという卑近な例を前にして妻の不信感や裏切られた感情はどうなるのであろうか。良い方向に故人のイメージが見直されればいいが、悪事に手を染めていた故人を知ることによって子孫が受ける負のイメージはルーツを探る旅の中で大きな影響を及ぼす可能性がある。

このAI技術の進歩による不死とはそのような意味を持っている。しかしそれも歴史の記録だと考えると、簡単に「忘れる権利」を行使することがいいことなのか、歴史を検証する者にとって困難なことになる。現実には人間国宝の芸術家や芸能家のアンドロイドをつくり、その技能を永久に保存しようとする取り組みも存在する。[41] しかしその人を知る人がいなくなって文化も考え方も変わっている百年後にその人間国宝のアンドロイドの存在はどう評価されるだろうか。それが可能になると一部の人は死ぬ間際になって、自分の過去の記録を消去、書き換え、付け足しなどの行動に出てくるかもしれない。そのようなビジネスがアンダーグランドで行われないとも限らない。前にも述べたようにIT技術で確実なことはないのだから、AIの暴走で別のヒトの記憶と入れ替わることが起こるかもしれない。そうすると歴史家はそのIT空間のデータの信憑性から検証していかなければならないことになる。今まで言われてきた歴史の改竄がIT空間でも同じく起こることを意味し、そうやって人は歴史の中で美化されていくのかもしれない。

簡単に情報機器であるSIの情報をコピーすれば、心もまたコピーできると考えるが、ここに自己の現時性と唯一無二性の問題が出てくる。ニューラルネットワークの全階層の接続様式の数値はわかっており、ネットワークを通じて同じ空白の別のマシンにすべての情報をコピーしたとしたら、その瞬間の自己は二人になる。そこに自己の唯一無二性は瞬間に失われてしまう。その後、入出力が同じであれば同じ経験が記憶されていくかの保証はないし、また別のケースでは、ＳＩの全情報を別の記憶媒体に受動的にバックアップとしてコピーして、ＳＩが故障をした時、元に戻したとしたら、それは過去の自分で現在と同じ自分といえるのだろうかという問題も起こる。その間に元のＳＩが学習や経験したことは失われ、過去の自分から再生されたことになる。まるで人間の場合の睡眠や意識障害から意識を回復した状態と同じになるが、睡眠中は経験されないのでこのような問題は起こらない。

そしてＳＩと人間との最大の違いは、人間は死を恐れ、ＳＩは死を恐れないし、死そのもの自体を意識しないということである。確かに地球上に限れば電力は無限ではないし、スペースも無限ではないが、ＳＩは技術開発でそれらを克服し自己複製の世界で永遠に生き続けることができる。ヒトの世界ではどの民族も、死を前にしたドラマを持ち、共通に悲しみや哀悼の表出を持つ。人において悲しみは異なるが、死への恐れ、そして煩悩としての死により愛するものすべてが失われることの寂寥感がある。それら複雑な感情をＡＩは感じることがないのではないだろうか。

5章　人工感情のゆくえ

5・1　複数の超知性体間の競合

誰がSI（超知性体）は世界で一台限りまたは一個のシステムと決めたのであろうか。誰がそのたった一台のSIが人間と敵対し、人類征服や世界支配をすると決めたのであろうか。アメリカの映画はすべてヒーロードラマでエンターテイメント性があり、そのような設定になっている。確かにSIが人間の能力を超え、人類の知識をすべて蓄え、科学技術を発展させるには世界で一台あれば十分であることは論理的に妥当である。そのSIが世界最強であるということはそういうことである。

現在、人間が地球を支配し、人間の政治形態、文化風土、資源問題などは複数の国に分かれて七〇億人がそれぞれのアイデンティティを持ちながら独自の暮らしを営んでいる。宗教で分ければ、キリスト教、イスラーム、仏教、ヒンズー教などの巨大なグループに分かれ、政治的には民主主義を標榜する国と全体主義的国に、経済的には先進国と後進国に分かれている。現在の発想力をもってしても百年後に、今よりも科学技術が進歩し、資源問題や環境問題が解決し、世界が一つに統合した世界連邦が作られているとは考えにくい。百億人の人間が有限の大きさと資源を持つ地球の中でひしめき合っていれば、限りない人間の欲望の結果、一つの世界国家にまとまろうという思想はなかなか有効性を持ちえてはこないだろう。現にそれを望まない人間がたくさんいるなかで、これまでも世界連邦のユートピアを求めて国際連合がつくられたが、現在機能不全に陥っているようである。

とするならば、自国のSIを開発する国が複数出てきても不思議でない。今でもおそらく世界で一〇台近いSIが独自の国、または文化圏で作られる可能性が指摘できる。というのもSIの開発にはとてつもない科学技術開発力が求められ、巨大な投資が必要とされるからである。

であっても、SIの開発は専用AIの延長であり、専用AIは現在のAIの連続の結果であって、いくら自己意識がSIに出現したからといって、すぐには突然変異のような完全な別種のSIになるのではなく、以前の知識を土台にして構成されてくるはずである。その知識の積み重ねによりSIができあがり、その中で自己意識が産声をあげるとしたら、そのSIは作成された国の文化を体得しているはずである。日本のSIは日本語で日本人の人びとの利用データを集め、日本人の行動と心のビッグデータを用いてビジネスを展開しているであろう。それがたとえアメリカの企業であっても日本でのビジネスに対してはそうならざるをえなく、アメリカ人のデータをいくら分析しても、それが日本人に適合するかどうかの保証はない。つまり日本で使うSIは強力な汎用AIでない限り、日本人のデータをもとにして意思決定をしなければならないし、支配層は日本人の行動傾向のデータを使わなければビジネスの成功はおぼつかない。それをわれわれは国のアイデンティティ、民族のアイデンティティといって尊重してきた。
ある国のＳＩの最高の意思決定の評価関数は民主主義であると意思を持ったＳＩは考えるかもしれないし、別の国のＳＩは独裁制こそＳＩの「幸福」実現にふさわしい考え方であると思うかもしれない。また別の国のＳＩは百億人の支配など不可能だとして、人類との共生を基準にするかもしれないし、はたまた世界支配という究極の目標を立てるかもしれない。さらには、人間を不幸にしているのは人間の存在であり、人間が諸悪の根源であるとして、人間よりも格段に優秀なＳＩに自分たち人間の運命を託する国家・集団が出てきて世界制覇という目標のもと、ＳＩに自由に行動させるという選択を与えるかもしれない。そのとき、果たして他のＳＩとの競争に勝てるだろうか。人間の理解できない言語で知らないうちに瞬時に他のＳＩと会話を行い、互いに同盟を結ぶかもしれない。しかしＳＩにとって戦争を始めるのは簡単でも、身体も持たず痛みも感じないＳＩにとって戦争を終わらせるのは難しい。意思を持つということはそれぞれのＳＩが独自の目標を持つことと同等である。

さてこのようなＳＩの未来において何が起こるであろうか。現在のＳＩ恐怖論は、人類とＳＩ世界の対立、自国民と自国のＳＩの対立だけを想定しているだけで、世界に複数のＳＩが存在しうるという想像には立っていない。われわれが心配しなければならないのは複数のＳＩが地球上に存在するかもしれないという問題、そしてそれらが共存を選ぶのか、資源支配の先にある世界支配を望むのかの独自の目標設定の危険性である。それをＳＩが自らの知識だけから決定するとしたら、おそらく人間の未来はないように感じられる。人によっては、そこまで優秀で万能なＳＩを育てたのは人間だから、そのような危険は、人間によって強制的に停止できる停止ボタンが準備されているはずであると、またそのころには人類の知恵によってSIの運用の世界基準がつくられているはずだから心配ないという楽観論を示す人がいる。SIが設計者の意図や思惑とは関係なく自らプログラムを書き換える能力があるならば、人間がつくった高度な暗号を打ち破るのは時間の問題となる。人間の知恵は野望に満ちたSIの意識を制限する力にはなんらならない。子育てにおいて子供が大人になったとき、親の希望を聞き入れてくれるかどうかの保証がないことと同じである。

人間はそのとき果たして複数あるSIの思考原理やSIの「哲学」を理解できるであろうか。その時代、SIが独自に発明した言語でプログラムは書かれているだろうから、人類の知恵をもってしてもSIに対する理解は不可能となっていることだろう。SIが新たな原理に従って、一台のSIになっているのか、それとも複数間で競合しているのか、原子爆弾で脅迫される存在であるのか、はたまた隠れた「神」になるのかは、想像力の及ぶところではない。

これまでSIの未来を語るとき、暗黙の了解としてSIが人間から目の見える物理的実体として存在していることを仮定していた。それはSIの出力制御を考えたとき､出力は一か所からでなければ､多数のロボットやユーザーの統合的な運用はできないと考えていたからである。脳は出力としての運動や言語などは前頭前野で統合されて一つの出力として社会との相互作用をしている。だからその前頭前野の障害では人格障害が起こり、もはや独立した自己意識と人格を持った単独の存在とは見ることはできなかった。習慣上、それと似たことをSIも行うと考えていたが、必ずしもその考えがSIに適用できるかは明らかでない。それは分散型ニューラルネットワークの集合としてのSIの形態でインターネットにつながれた多数の専用SIの集合体の場合、その群集合体全体で意識を構成し、どこが司令塔かわからなくなる可能性があるからである。極端に言えばＳＩの意識はネットワーク総体ということになりかねない。国中に広がるネットワーク全体にＳＩの機能が分散して、それにつながるマシンがそれぞれの目的に合ったロボットやＡＩを制御している場合で、製造ロボットはそれ専用のＳＩが制御し、介護ロボットは介護用の特化したＳＩが制御し、家庭用のＳＩは特化した専用のＳＩが制御している可能性も考えられる。その場合は、どこが意識を持っている中枢なのか人間は決定できないという状況に陥る。

そうすると、先に議論した人類に敵対するという状況は厄介なことに、どれか一つの専用ＳＩが破壊されたとしても、隣のＤＮＮマシンがその重要度に応じてそのデータを瞬時にコピーして成り代わることが可能になっているはずで、そこに人間の考える危機管理法の限界が見える。どこを壊しても自己意識を持った自律性あるＳＩを破壊できないことになる。先のＨＡＬ９０００というコンピュータでは基板一枚一枚を抜いていく行為の中で意識が次第に薄れていくということが想像されていた(1)。

特定の事象の原因を追跡するための因果関係は、インターネットの分散型ＳＩのためにその所在が不明確になっている可能性があり、最初の自己意識や感情の発生はいつ、どこで、どのように発生したか、また誤りがどこで起こったかを突き止めることは難しくなっている。その解析にはさらに賢いマシンが必要となるという循環論法に陥ってしまう。

５・２　超知性体と人類の共生

超知性体ＳＩが発生することの前提は、①自己意識を持つこと、②地球上最強の知能とパワーを持つようになることの二点である。第一点の自己意識を持つということは、ＳＩ独自の目的関数を、たとえば地球上で最高の存在になることを自ら設定する可能性があるということである。また自分の知能とパワーを自覚することである。第二点に関しては、知能の点では問題ないが、パワーの点では、ＳＩはロボットという自由になる機械が利用できる。人間に対して用いるとするならば、労働者ロボットも考えられるが、パワーという点からは強力な兵士ロボットの可能性が高い。

人間の歴史を振り返って支配者が最強の権力とパワーを持ったとき、どのような行動に出たかが参考になる。徳のある支配者は人民の幸福のためにその権力を行使することもまれにあったが、多くは絶対的な権力を得ると、さらなる力と富を取り込もうとし、そして自らの権力を血のつながった血縁者に継承しようとして、その権力を行使する誘惑に勝てない者が多く存在していたというのも事実である。もし後者を人間の眼から見て悪の帝王とするならば、未来のＳＩの目的関数はその悪の帝王を目指さないと誰が保証できようか。人間はそのとき、ＳＩに立ち向かう知能とパワーがあるかというと、おそらくマシンガンと素手で戦うほどの違いがあると考えられる。

今、世界の軍事大国は、ＡＩを繰りこんだ兵士ロボットの開発にしのぎを削っている。[(2)] 人によってはこれを自律型殺人ロボットということもある。人間の兵士に代わって紛争地に出かけて行って戦闘員と非戦闘員を区別して殲滅させることを目的とする。その開発の第一の理由は、兵士ロボットであれば、撃たれて壊れた瞬間にそれはモノに変わるが、人間の兵士では撃たれて死んだとしても人間の尊厳は維持され、死体はできる限り回収され、家族に対する補償と、戦争に対する非難の声が上がるという可能性を否定できない。そのような人的資源のリスクが兵士ロボットでは存在せず、工場での大量生産にも向いている。開発の第二の理由は、敵探索機能が人間より格段に優れていることである。人間の眼は熱源を感知できないし、視力や聴力は限られているが、現在の光センサーや暗視野センサー、指向性マイクの技術は人間の能力をはるかに超えており、それを使えば誰よりも早く戦闘員を発見でき、敵を無力化できる。しかしその視覚対象が戦闘員かどうかの判断を誰がするかという厄介な問題が起こる。子供が缶ジュースやペットボトルを持って近づいてきた場合、それが爆弾と異なり安全かどうかをどうして決めるのか。それでは兵士のクラウド化を進めて遠隔操作で人間が決めればよいというかもしれないが、即断性が求められる戦場にあっては〇・一秒の差が勝敗を分けることになる。さらに一〇万台の兵士ロボットを監視することは不可能に近く、戦闘員に対する認識機能を持った自律型兵士ロボットの導入が一つの選択肢になる。

その兵士ロボットに対してアメリカでは感情を持たせようとする研究がある。(2) 敵地を攻撃しに行ったとき、瞬時に敵兵か民間の婦女子かの区別の感情的な判断が可能となり、現在のような無用な無差別殺戮の可能性は減るだろうと期待してのことである。簡単に兵士ロボットに感情を移植するというが、これにも難しい問題がある。どの感情を兵士ロボットに持たせるのか、自分が破壊される前に敵を殺すという闘争心を強化すれば、やはり敵兵の区別の閾値は低くなるであろうし、人間が持つ恐怖心を移入すれば兵士としての役目は果たさなくなる。それでは恐怖心を取り除くと、それは人間の世界でいうところの暴力的傾向の狂気の異常者となる。兵士ロボットとしては愛や慈悲心は論外で映画のごとく女性を助けるために自爆するという と戦争放棄につながりかねない[(3)]。

そのようなことを考えると兵士ロボットに感情を入れないことが最も簡単な選択になる。ところがこれが最も恐ろしい結果に結びついていくことになる。つまりは命令されたことに対して何も判断せず盲従して、淡々と人間を殺していくということが起こる。人間の世界ではそれを殺人鬼、殺人マシーンという。そのような兵士ロボットと戦争しても、兵士ロボットを壊さなければ自分が殺され、壊しても次から次へと補給されてきりがないことになる。戦争の様子は大きく様変わりし、将来、ＡＩを使った無人兵器がドローン、戦車、偵察機、攻撃機、潜水艦などで使われているだろう。

人間はおそらくＳＩと敵対し戦う時には、狡猾さを発揮してＳＩの弱点を叩こうと企てるかもしれない。さらにはその時代、人間改造は遺伝子工学や人間と脳の直接的インターフェースのＢＭＩ（ブレイン－マシン－インターフェース）技術の進歩によって知能やパワーにおいて現代の人間の能力をはるかに超えるスーパー人間「怪物」をつくりだしているかもしれない[(4)(5)]。それを用いてＳＩとの対峙を試みるが、ＳＩは人間の歴史に学び、人間の心理、特性、扱い方を熟知しており、どうしたら人間を従わせることができるかを知っていて、自己防衛としてそれに対処するためにさらに強力な大量の兵士ロボットを配置するであろう。兵士ロボットの弱点である、エネルギー確保、資源の確保、そして連絡通信ネットの切断を人間は試みるが、そのとき、ＳＩは命令に忠実な実行者として、ネットを介さない何十万台もの自律型兵士ロボットを用いて対処しているかもしれない。もっと狡猾にＳＩを利用して自己実現を図る人間を用いて、人間集団の内側から支配をたくらむかもしれない。

人間はそれらが予想できるために、世界基準や法律をつくってその危険性を除去しようとしてきた。ＡＩに関して透明性の原則、制御可能性の原則、安全保護の原則、アカウンタビリティ（説明責任）の原則などを付して[(6)]人類の安全性を担保しようとしており、自律型兵士ロボットを世界的に禁止しようとする動きもあるが、恐怖と不信、欲望の前ではそうした試みは無力化されることが多い。日本人工知能学会は研究者の研究倫理要綱を発表しているが、[(7)]専門家の指針であってＡＩやロボットそのものまでに言及するには至っていない。ＡＩ技術の開発に当たって、技術の乱用、モラルの危機、人工物への過度の依存、責任能力の破綻などの問題点が指摘されており、可能な限りの高い透明化の必要性を求めている。そのあたりに人類との共生の未来がかかっている。

その人間との共生にとってＡＩの代理人としてのロボットやホログラムの外観、すなわち姿や形、顔が重要になってくる。これまでの議論では人間の都合でロボットはできるだけ人間の姿に近づける人工身体を作ることが人間にとって優しいフレンドリーな関係を築くのに重要であるとしてきた。表情を変え、目を動かし、首を振る動作を取り入れ、美男美女の顔を付ける。人間は顔でその人の性格が優しいのか頑固なのかなどを判断する傾向がある。そうすると人間の方で心理的バイアスが生じ、これまで議論してきた多くの弊害が起こることになる。しかし機能の点から考えると必ずしも人間の外観に似せたロボットを作る必要はなく、また目的や性能、職業に応じた顔や身体があればよく、警官ロボットであれば短銃や警棒を、修理工ロボットでは工具を腕にセットした身体であればよい。時に手が二本、足が二本の直立歩行でなくても、映画『トランスフォーマー』に出てくるように必要に応じて自由に変形することができるならば魅力的でもある。[8]あるときは自動車に、あるときには飛行機になるのも一興である。そうすると相手が人間と錯覚することは少なくなり、完全な機械として認識できる。そのように未来のロボットは完全に人間に似せたアンドロイドになっていない可能性もある。むしろ意識的にヒトとは違った外観、たとえば動物のアニメのような顔になっているかもしれない。そもそも進化論的にはヒトの形が唯一の可能性ではなく、あくまでヒトの形態は偶然の結果である。外観は文化にも依存しており、日本ではヒト型ロボットに抵抗感が少ないが、キリスト教圏ではむしろ意識的にグロテスクな機械としての外観を強調しているようである。映画『マトリックス』ではわざとヒトに似せない奇怪な姿をした攻撃ロボットを映し出している。[9]人間と接するロボットの容姿一つとっても、それを使う人間が何を望むかにかかっている。そして人間とロボットの外見が区別できなくなったときが怖いのである。映画『ターミネーター』では未来のロボットは望む相手とまったくそっくりに変身できるところが映画における恐怖を増強していた。[10]

ここにきてこれまでの議論の中で、なぜこうも悲観論に陥るのかの疑問が生じる。未来はわれわれが思いもよらなかった発想で新しい技術革新を伴って豊かな生活が待ち受けていることが期待される。五〇〇年前どころか二〇〇年前すら、自動車も、新幹線も、飛行機やスマートフォンなどは夢にも出てこなかった。これが未来の可能性であり、その意味で夢と希望に満ちている。しかしＡＩの未来を考えると、ＡＩは夢と希望と同時に悪夢をも引き起こしかねない悲観的な見方を多く提出してしまった。なぜかを考えたとき、それはＡＩの先にある存在が人間の身体と精神の両方にあまりにも近い位置に存在するからではないかと考えられる。議論の出発点をたどれば、身体を抜きにした感情を「情報としての感情」として出発してしまったために、その結果「生命としての情動・感情」から抜け出られない人間との齟齬が生じてしまったからである。身体は悲しみや痛みを伴い、罪の意識の誘因となり怒りと恐怖の抑制剤になる。人間に似せて、「情報としての感情」をロボットに創生させると、「生命としての情動・感情」がないために悲観論にならざるをえなかった。

5・3　人間が主体の未来へ

ロボットの感情、すなわち人工感情について考える旅は、実は人間の感情とは何かについて考える旅でもあった。感情に関する心理学や社会学、神経科学などの分野の知見がいまだ足りないのにもかかわらず、先走って未来に実現できるであろうヒト型ロボットの姿を想像しながら、またＳＩやロボットと人との共存を希望しながら、ＳＩが実現するであろうロボットの可能な感情とはどんなものであるかを考える旅でもあった。これはまた人間の鏡としてＳＩの未来を眺める旅でもあった。そんななかで実感したことは、未来においても人間は似たような過去の歴史を繰り返し、過去の出来事の本質から抜け出られない呪縛に囚われているだろうということ、そして感情に関していえば進化の過程の中で形成されてきた人間の感情の多様性と複雑さに感嘆するだけであった。情動・感情の進化は一〇億年の長きにわたるものであり、哺乳類だけに限れば二億二千万年、さらにヒトに限れば約七百万年という時間がかかって形成されたものである。絶対に追いつけない時間の中で、生き残り、生き続けるというためだけに動物の中に情動・感情が研ぎ澄まされてきて、今日の魅力的な人間をつくり出し、ここに人間は存在している。

そのような人間を真似て、機械でヒューマノイドを作ろうと、日本では多くの技術者が「鉄腕アトム」の実現を夢見ている。現代は技術が進歩し、それを作りだすことができる技術レベルに達しつつある。科学者や技術者はその歴史の大きな流れの幸運の中に立ち会い、そのつるはしの先の世界を楽観的に見ようとして日夜、研究開発に励んで掘り進めており、二〇四五年頃には人間を超える能力を有する人工知能ができるのではないかと考えている[11]。

明るい未来と暗い未来のどちらを見るかは読者の自由であるが、ヒトと同じ涙を流す技術的な装置は可能でも人と同じ悲しみの感情をロボットの中に実現しようとするのはかなり難しいのではないかと読者は思うかもしれない。それほど人間の感情は複雑で奥深いものであるということを自負したいと思うが筆者の驕りであろうか。しかし人間は嘘泣きの涙を見破ることは難しく、ロボットの涙も本当の涙かプログラムされた涙か区別することは難しい。

現在、人間が考えるロボットは「人間のためのロボット」である。そのためにはどのような能力が必要かを考えたとき、共存や共生を前提とするならば、人間に似た感情を持つことは、人間を支援・援助するという意味で人間にとって有益である。おそらくそれがないと、ヒト型ロボットはつまらない存在で、ただ単に便利な道具という存在でしかない。また日常生活の中で、辞書代わりの検索に用い、秘書に切符や旅の予約させるような存在以上にはならない。人間を本当にサポートするためには、それなりの能力を持つ必要があり、時には悩みの相談に乗ってほしいし、酒の相手にもなって愚痴も聞いてほしい「How are you?」と尋ね聞いてくれる関係にもなりたい、また時には人生の喜びを共に分かち会いたいと思った場合、思い出を語り、人にそっくりなロボットに対して錯覚してそれらを求めるかもしれない。それがロボットに求める感情コミュニケーションであり、感情の生成、表出の問題であった。

人間は騙される存在でもある。騙されてもそれによって安心や安全が得られるのならば、人間はそれが嘘であっても信じ、それを受け入れようとする特性を持っている。確かに騙されることは危険で命に係わる危険に会うかもしれないし、全財産をはぎ取られてしまう危険もある。人間相手の世界では頻繁に起こっていることを、機械であるロボット相手ではそうであってほしくないと願い、つねにロボットは善意の他者であってほしいと思っている。そしてＡＩの感情はそう造らなければならないと考える。しかし人間の感情が善と悪の二面性を持つということも自明であり、ロボットを造るのは人間で、それを育てるのも人間である。ＳＩは人間にとって両刃の剣になる。そしてＡＩやロボットはあまりにも人間にとって便利な道具であり、人間は利用しなければ幸福になれないという恐怖感に囚われ、少しずつ見えない形でＡＩに人間の決定権を委譲し、それが能力を増強していった結果、ある日、気が付いたらＡＩを支配しているのではなく、逆にＡＩによる装置がなければ何もできないし、生活もできず、生命の危険にさえさらされるという愚を犯しているかもしれない。またそのようなＡＩの行動や判断が正しいのかもわからなくなってきているかもしれない。

街中を歩けば、ＡＩ利用による宣伝コンテンツが溢れ、いかに人間の欲望を刺激するかを競い、サービスロボットや接客ロボットが人間と見間違えるほどに笑顔と優しい声で対応し、もしかすると一日、本当の人間と会話しなくても享楽に浸ることになる生活が待っているかもしれない。家に帰れば、アンドロイドが感情こめて「お帰りなさい」という時代に、空虚感を埋めるために本当の人間との仮想関係でもよいから癒しを求めるビジネスの展開が強力に進められているかもしれない。アンドロイドがどれだけ人間に近づいていったとしても癒しで人間に代わって失った心性を埋めることができないだろうということが今の感覚である。金持ちは人間を相手に癒され楽しんでいるかもしれないが、それ以外の人はロボットを相手に楽しんでいるかもしれない。しかし未来に育った若者は人間との温かみのあるつながりを知らないで、超管理社会とアンドロイドとの関係を正常なものとして学習・教育され、未来の心性を大きく変えていくかもしれない。それがヒトの適応という現象の本質である。

この本は、現在考えられる未来の感情に関する旅が目的であった。特に未来を語る危険性はここにある。これらの内容もすぐに古くなり、不完全でつまらないものに見えてくるであろう。二〇世紀の初めに試みられたニューヨーク・マンハッタンの二〇年後の予測では、人口が増え、交通手段である馬車が増え、ニューヨークは馬糞で埋まると予想された。今から考えると滑稽としかいいようがないが、ここで議論していることは未来においても議論しなければならない内容であると信じる。そして未来がＡＩ技術によって大きく変わる可能性があることをわかってもらえたのではないかと思う。これから先、感情の研究の進歩とともに、内容は追加、修正されていかなければならないが、五〇年先、感情に関する本と比較されると、何が見えてくるかは興味あるところである。五〇年先では人間はすばらしい感情を有し、喜怒哀楽に満ち溢れた人生を送っていると期待し、人を好きになる、嫌いになるというドラマも満ち溢れていることを信じたい。そのとき、新しい時代のＡＩやロボットはどのように人間の感情を取り扱っているかの想像がここにある。その方向性を決める時間はまだあるように思われる。

文　献

はじめに

1 カーツワイル、R. ポスト・ヒューマン誕生　コンピュータが人類の知性を超えるとき　日本放送出版協会　2007

1章

1 松尾豊編集　人工知能とは　近代科学社　2016

2 McCulloch, W. S., & Pitts, W. H. A logical calculus of the ideas immanent in nervous activity. *Bulletin Mathematical Biology*, **5**: 115–133, 1943.

3 ヘッブ、D・O・行動学入門　白井常・鹿取広人他訳　紀伊國屋書店　1975

4 谷口忠太　人工知能概論　講談社　2014

5 人工知能学会編　人工知能とは　近代科学社　2016

6 Rumelhart, D. E., & McClelland, J. L. *Parallel Distributed Processing: Explorations in the Microstructure of Cognition*. MIT Press, 1986.

7 平井吉光　わが国におけるエキスパート・システム開発現状　人工知能学会誌、**2**: 62–67, 1987.

8 松尾豊　人工知能は人間を超えるか：ディープラーニングの先にあるもの　KADOKAWA　2015

9 ベイカー、S・IBM奇跡の『ワトソン』プロジェクト　金山博・武田浩一訳　早川書房　2011

10 ベンジオ、Y・爆発的に進化するディープラーニング　日経サイエンス、No.9: 36–49, 2016.

11 Jordan, M. L., & Mitchell, T. M. Machine learning: Trends, perspectives, and prospects. *Science*, **349**: 255–260, 2015.

12 小林雅一　AIの衝撃　講談社　2015

13 Gibney, E. Google masters Go. *Nature*, **529**: 445–446, 2016.

14 Merolla, P. A. et al.　A million spiking-neuron integrated circuit with a scalable communication network and interface. *Science*, 345, 668–673, 2014.

15 Castelvecchi, D. The black box of AI. *Nature*, **538**: 21–23, 2016.

16　カーツワイル、R・ポスト・ヒューマン誕生　コンピュータが人類の知性を超えるとき　日本放出版協会　2007
17　パブラス、J・新世代コンピュータを求めて　日経サイエンス、No.9, 78-81, 2015.
18　ウォラック、W・人間vsテクノロジー　大槻敬子訳　原書房　2016
19　カク、M・2100年の科学ライフ　斉藤隆央訳　NHK出版　2012
20　カク、M・心の未来を科学する　斉藤隆央訳、NHK出版　2015
21　谷口忠大　記号創発ロボティクス　講談社　2014
22　福田正治　感情を知る―感情学入門―　ナカニシヤ出版　2003
23　福田正治　感じる情動・学ぶ感情―感情学序説―　ナカニシヤ出版　2006
24　福田正治　感情階層説―「感情とは何か」への試論　富山大学杉谷キャンパス一般教育、**40**: 1-22, 2012
25　Fukuda, M. Rethinking: What is an emotion?―Hierarchical hypothesis of emotions based on evolution―. *Toyama Medical Journal*, **25**: 1-9, 2014.
26　茂木健一郎　人工知能に負けない脳　人間らしく働き続ける5つのスキル　日本実業出版社　2015

2章

1　中村　明　感情表現辞典　東京堂出版　1998
2　松田卓也監修　人工知能の都市伝説　宝島社　2016
3　竹田真・小枝祐基　Pepperスタートブック　SBクリエティブ　2015
4　神鳶敏弘編　深層学習　近代科学社　2015
5　谷口忠太　人工知能概論　講談社　2014
6　小林雅一　AIの衝撃　講談社　2015
7　Hirschberg, J. H., & Manning, C. D. Advances in natural language processing. *Science*, **349**: 261-266, 2015.
8　Castelvecchi, D. The black box of AI. *Nature*, **538**: 21-23, 2016.
9　Yeo, B. T. T. & Eickhoff, S. B. A modern map of the human cerebral cortex. *Nature*, **536**: 152-152, 2016.
10　マイヤー・シェーンベルガー、V・／クキエ、K・ビッグデータの正体　斉藤栄一郎訳　講談社　2013
11　安岡寛道編　ビッグデータ時代のライフログ―ICT社会の「人の記憶」東洋経済新聞社　2012
12　山西健司　情報論的学習とデータマイニング　朝倉書店　2014

13 石黒浩　どうすれば「人」を創れるか　新潮社　2012
14 石黒浩　アンドロイドは人間になれるか　文芸春秋　2015
15 友野紀夫　行動経済学　光文社　2005
16 バーン、Ｒ・／ホワイトゥン、Ａ・マキャベリ的知性と心の理論の進化論　藤田和生他訳　ナカニシヤ出版　2004
17 山岸俊男　信頼の構造　東京大学出版会　1998
18 安藤清志・大坊郁夫・池田謙一　社会心理学　現代心理学入門４　岩波書店　1995

3章

1 パーカー、Ａ・眼の誕生　渡辺政隆訳　草思社　2006
2 チャブリス、Ｃ・／シモンズ、Ｄ・錯覚の科学　木村博江訳　文藝春秋　2011
3 ジョーンズ、Ｓ・監督　her／世界でひとつの彼女　2013
4 松田卓也監修　人工知能の都市伝説　宝島社　2016
5 神崎洋治　人工知能がよくわかる本　秀和システム　2016
6 松尾豊　人工知能は人間を超えるか　KADOKAWA　2015
7 アシモフ、Ｉ・ロボットと帝国　小野芙佐訳　早川書房　1998
8 ターナー、Ｊ・Ｈ・感情の起源・ターナーの感情社会学（１）　正岡寛司訳　明石出版　2007
9 Baron-Cohen. S. The mindreading system: New directions for research. *Current of Psychological Cognition*, **13**: 724–750, 1994.
10 福田正治　共感―心と心をつなぐ感情コミュニケーション―　へるす出版　2010
11 Schaafsma, S. M., Pfaff, D. W., Spunt, R. P., & Adolphs, R. Deconstructing and reconstructing thory of mind. *Trends of Cognitive Sciences*, **19**: 65–72, 2015.
12 ホフマン、Ｍ・共感と道徳性の発達心理学　菊池章夫・二宮克美訳　川島書店　2001
13 苧阪直行編　ロボットと共生する社会脳　新曜社　2015
14 坂村健　ＩｏＴとは何か　角川新書　2016
15 フォード、Ｍ・ロボットの脅威―ヒトの仕事がなくなる日―　松本剛史訳　日本経済新聞出版　2015
16 ダベンポート、Ｔ・Ｈ・／カービー、Ｊ・ＡＩ時代の勝者と敗者　山田美明訳　日経ＢＰ社　2016
17 オーウエル、Ｇ・１９８４　新庄哲夫訳　世界SF全集⑩　早川書房　1968

18　ライアン、D・膨張する監視社会　田畑暁生訳　青土社　2010
19　スティーブンス、B・　撤退するアメリカと無秩序の世紀　藤原朝子訳　ダイヤモンド社　2015

4章

1　パブラス、J・　新世代コンピュータを求めて　日経サイエンス、No.9, 78–84, 2015.
2　ヴァリアント、R・生命を進化させる究極のアルゴリズム　松浦俊輔訳　青土社　2014
3　ペレスコ、J・A・自己組織化　鈴木弘明訳　森北出版　2015
4　Cully, A., Clume, J. C., Tarapore, D., & Mouret, J-B. Robots that can adapt like animals. *Nature*, **521**: 503–507, 2015.
5　Wolpert, D. H., & Macready, W. G. No free lunch theorems for search. *Technical Report SFI-TR*-95-02-010, Santa Fe, NM, 1995.
6　ドゥアンヌ、S・意識と脳　高橋洋一訳　紀伊國屋書店　2015
7　クリック、F・／コッホ、C・意識とは何か　別冊日経サイエンス、**107**: 16–25, 1992.
8　ダマシオ、A・R・自己が心にやってくる　山形浩生訳　早川書店　2013
9　メッツィンガー、T・エゴ・トンネル　心の科学と「わたし」という謎　原塑　鹿野祐介訳　岩波書店　2015
10　ザガニガ、M・S・〈わたし〉はどこにあるのか　藤井留美訳　紀伊國屋書店　2014
11　Clayton, M. S., Yeung, N., & Kadosh, R. C. The role of cortical oscillations in sustained attention. *Trends of Cognitive Sciences*, **19**: 188–194, 2015.
12　Ray, S., & Maunsell, J. H. R. Do gamma oscillation play a role in cerebral cortex? Trends of *Cognitive Sciences*, **19**: 78–85, 2015.
13　Turing, A. M. Computing Machinery and Intelligence. *Mind*, **236**: 433–460, 1950.
14　伊庭斉志　人工知能と人工生命の基礎　オーム社　2013
15　サール、J・R・　意識の神秘　菅野盾樹監　新曜社　2015
16　茂木健一郎　脳とクオリア　日本経済新聞出版社　1997
17　松尾豊編　人工知能とは　近代科学社　2016
18　松尾豊　人工知能は人間を超えるか　KADOKAWA　2015
19　Huang, Z. J.,& luo, L. It takes the world to understand the brain. *Science*, **350**: 42–44, 2015.
20　Merolla, P. A. et al. A million spiking-neuron integrated circuit with a scalable communication network and interface. *Science*, **345**: 668–673, 2014.

21 キューブリック、S・監督　2001年宇宙の旅　1968
22 アシモフ、I・ロボットと帝国　小野芙佐訳　早川書房　1998
23 ラッセル、S・スーパーAI恐るべし？　日経サイエンス、No.9: 50–51, 2016.
24 ダマシオ、A・R・自己が心にやってくる　意識ある脳の構築　山形浩生訳　早川書店　2013
25 デカルト、R・情念論　野田又夫訳　世界の名著22　中央公論社　1967
26 J・ウエスト、J・監督　新スタートレック　1990
27 マリーン、C・M・史上最強の侵略種　ホモ・サピエンス　日経サイエンス、No.1: 59–65, 2016.
28 苧阪直行編　ロボットと共生する社会脳　新曜社　2015
29 福田正治　感情を知る―感情学入門―　ナカニシヤ出版　2003
30 福田正治　感じる情動・学ぶ感情―感情学序説―　ナカニシヤ出版　2006
31 Fukuda, M. Rethinking: What is an emotion?　—Hierarchical hypothesis of emotions based on evolution—. *Toyama Medical Journal*, **25**: 1–9, 2014.
32 コッホ、C・意識をめぐる冒険　土谷尚嗣・小畑史哉訳　岩波書店　2014
33 コロンバス、C・監督　アンドリューNDR114　1999
34 グリマル、P・ギリシア神話　高津春繁訳　文庫クセジュ　白水社　1992
35 スン、S・コネクトーム　青木薫訳　草思社　2015
36 美崎薫　ライフログ入門　東洋経済新聞社　2010
37 松田卓也　来たるべきシンギュラリティと超知能の驚異と脅威　情報処理、**56**: 4–14, 2015.
38 Kawakami, R., Sawada, K. et al. In vivo two-photon imaging of mouse hippocampal neurons in dentate gyrus using a light source based on a high-peak power gain-switched laser diode. *Biomedical Optics Express*, **6**: 891–901, 2015.
39 Lewis, C. M., Bosman, C. A., & Fries, P. Recording of brain activity across spatial scales. *Current Opinion in Neurobiology*, **32**, 68–77, 2015.
40 シャナハン、M・シンギュラリティ　ドミニク、C・監訳　NTT出版　2016
41 石黒浩　アンドロイドは人間になれるか　文藝春秋　2015

5章

1　キューブリック、S・監督　2001年宇宙の旅　1968
2　Russell, S. Take a stand on AI weapons. *Nature*, **521**: 415–416, 2015.
3　Deng, B. The Robot's dilemma. *Nature*, **523**: 25–26, 2015.
4　モレノ、J・D・操作される脳　西尾香苗訳　アスキー・メディアワークス　2008
5　Reardon, S. Memory-enhancement trials move into humans. *Nature*, **527**: 15–15, 2015.
6　総務省 平成28年版　情報通信白書　4章
7　http://ai-elsi.org
8　ベイ、M・監督　トランスフォーマー　2007
9　ウォシャウスキー、A・監督　マトリックス　1999
10　キャメロン、J・監督　ターミネーター　1984
11　カーツワイル、R・ポスト・ヒューマン誕生　コンピュータが人類の知性を超えるとき　日本放送出版協会　2007

その他、インターネット、新聞、雑誌などからの多くの情報を参考にした。

人名索引

ま行

や・ら・わ行

さ行

た行

な行

は行

事項索引

著者紹介

福田　正治（ふくだ　まさじ）

1975年　名古屋大学大学院理学研究科修了

主に情動・感情の神経行動科学を研究

現在，富山大学名誉教授，福井医療短期大学教授

著書：

感情を知る―感情学入門―　ナカニシヤ出版（2003）

感じる情動・学ぶ感情―感情学序説―　ナカニシヤ出版（2006）

共感―心と心をつなぐ感情コミュニケーション―　へるす出版（2010）

欲望を知る　晃洋書房（2013）

情念の継承―感情記憶と「型」の発見―ナカニシヤ出版（2015）

共編著：

Brain Mechanisms of Perception and Memory, Oxford University Press（1993）

など

人工感情―善か悪か―

2018年２月20日　初版第１刷発行　（定価はカヴァーに表示してあります）

著　者　福田　正治

発行者　中西　　良

発行所　株式会社ナカニシヤ出版

〒606-8161　京都市左京区一乗寺木ノ本町15番地

Telephone　075-723-0111

Facsimile　075-723-0095

Website　http://www.nakanishiya.co.jp/

Email　iihon-ippai@nakanishiya.co.jp

郵便振替　01030-0-13128

装幀＝白沢　正／印刷・製本＝西濃印刷㈱

Printed in Japan.

ISBN978-4-7795-1216-2　C3011